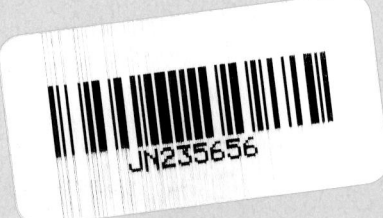

TINY HOUSES

世界の一流建築家の傑作タイニー・ハウス
34軒

小さな家 可愛い家

ミミ・ザイガー 著　黒崎 敏 訳

二見書房

デッキハウス
天窓の家
ボックス・ホーム
まっぷたつの家
マイクロホーム
寄生する家
こぶたの家
オモチャ箱の家
キノコの家
斜面の山荘
ネオンの館
セーヌの舟家
四つ窓の家
遊牧の家
パズルハウス
トランク・ルーム
廂の家

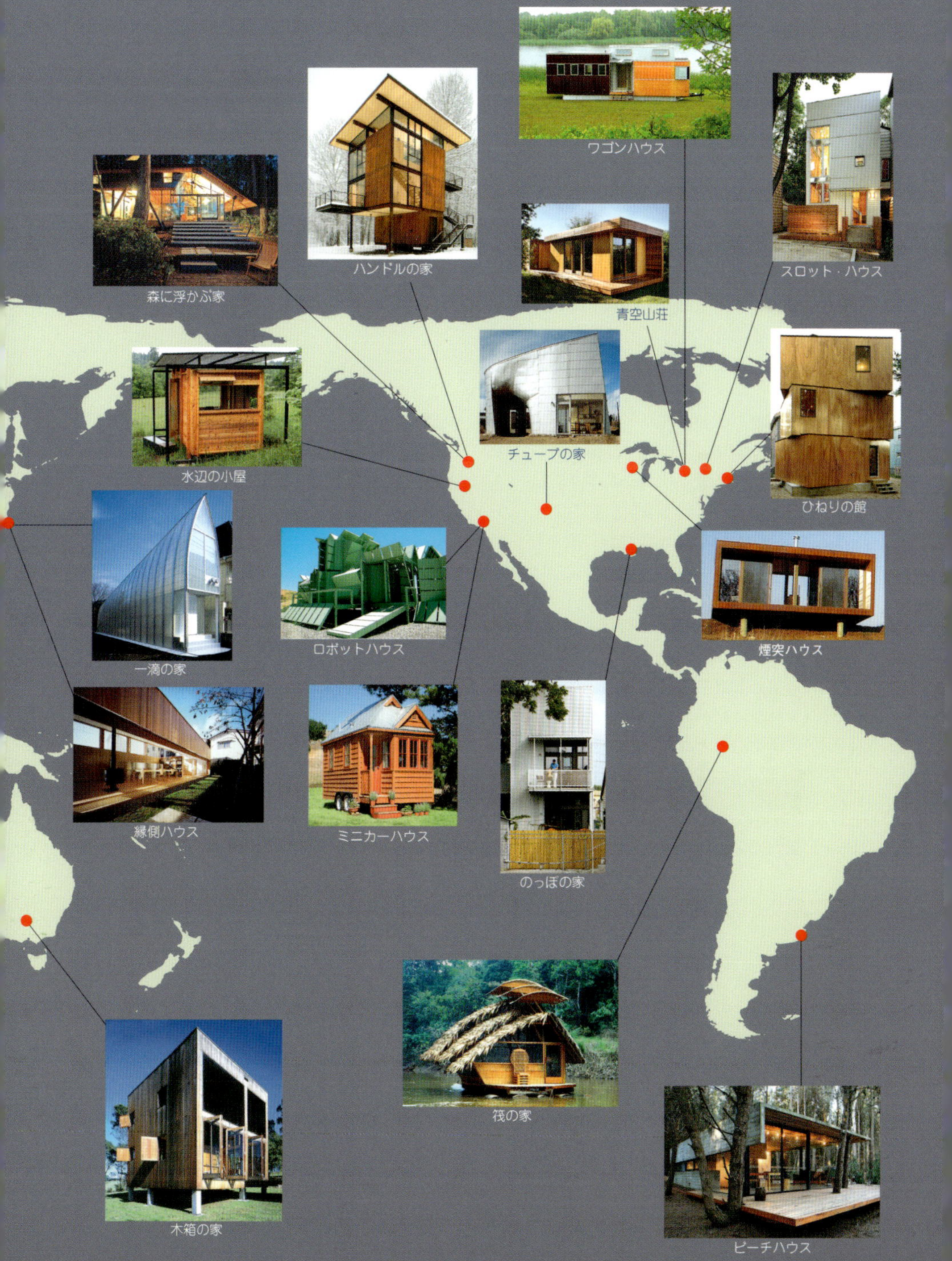

ワゴンハウス
ハンドルの家
森に浮かぶ家
スロット・ハウス
青空山荘
チューブの家
水辺の小屋
ひねりの館
一滴の家
ロボットハウス
煙突ハウス
縁側ハウス
ミニカーハウス
のっぽの家
筏の家
木箱の家
ビーチハウス

小さな家《タイニー・ハウス》の愉しみ

「節約（Reduce）、再使用（Reuse）、再利用（Recycle）」――この3つのRはバークレーに住む人々には幼いころから浸透しているスローガンで、私たちは新聞や空き缶、アルミからグラスにいたるまで常に再利用を念頭におき、環境を守ることを心がけてきました。肥料の再使用をしたり、忘れ置かれた中古品を引っ張り出して再利用したりと……。毎週土曜、手編みのマイバッグを手にオーガニックな牛乳や日用品を求めてブルックリンのファーマーズ・マーケットへ歩いて出向きますが、ときに無駄なビニール袋などを持ち帰ることがあり、そうたやすくは“聖人”にはなれません。再使用と再利用はまだしも、節約となると相当な心構えがいります。地球環境の再生が叫ばれるなか、いかに節約すべきか？ それは買い物を控《ひか》えてモノを増やさずという志向ですが、まずはモノの価値の見極めと倹約の精神が求められます。それは物質主義のアメリカン・ドリームとは相反することになります……。

未来の環境に適した住まいの研究は、私の学生時代からの大きなテーマでした。

国立住宅建設協会（NAHB）の調べでは、2004年のアメリカにおける住宅の平均サイズは216.5㎡（65坪）で、1970年の130㎡（39坪）に比して86.5㎡（26坪）も大きくなっています。本書にはタイニー・ハウス（小さな家）ばかり収録しましたが、その佇《たたず》まいを見るにつけ、質素で快適な暮らしとは、豊かなライフスタイルに起因していることがよく分かります。郊外に大邸宅が野放図に拡大すれば、やがて天然資源は枯渇状態に陥り、自然への負荷はさらに増大します。しかし2007年から始まった経済不況を契機に、郊外の大型住宅建設に影が差してきました。経済学者ジョセフ・コートライトら都市研究家による2008年の報告によれば、燃料費の高騰と遠距離通勤が住宅バブルをもたらし、住宅価値の下落はアメリカ全土に広がり、とりわけ郊外において深刻の度を増しているという。クルマによる遠距離通勤の燃料代は負担となり、かつ大邸宅での贅沢な暮らしは環境に悪影響を及ぼすでしょう。

ボックス・ホーム

木箱の家

住宅の巨大化が進んでいた2002年の最中《さなか》、ジェイ・シェーファーらの建築家が「タイニー・ハウスを推奨する会」を立ち上げました。わずか9㎡（2.7坪）の「ミニカーハウス」（p146）を設計したのはタンブルウィード・タイニー・ハウス社です。この車輪付きの可愛い家も、低コストで効率のいい住まいのあり方を示す一例です。狭い敷地に小さな家を据え、最低限の電気・水道代でいかに愉しく暮らすかという試み――これに端を発するかのように、今では世界中でタイニー・ハウスを手掛ける建築家が増えています。

建築家エリン・ムーアは、オレゴン州の渓谷に自然観察アトリエ「水辺の小屋」（p150）を設置。移動可能な9㎡（2.7坪）の小屋には、野生動物への思いがこめられています。オーストラリアの丘陵にニック・マーカットが地場材を用いて建てたモダンな「木箱の家」（p94）には、自然を愛する仲間が寄り集い、電力は太陽光パネルで供給され、タンクに溜めた雨水は洗い物や屋外風呂に利用されています。

また、トム・クンディグの設計による「ハンドルの家」（p28）は、ワシントン州東部の川原に建ち、万一の洪水に備えて高床式を採用し、窓の開閉用に大きな手動ハンドルが付けられています。

それまで未来の家を構想するとき、小さくあることを利とするコンセプトで設計されたことはなかったでしょう。第一線で活躍するランドスケープ建築家サンチャゴ・シルバは、スペイン・セビリアの街の空き地に「パズルハウス」（p130）を放り込むことで、無活用の空間に光を点《とも》しました。その舞台セットのような家は、セビリアの街なかで過密化する高層住宅に警鐘を鳴らしつづけています。

またロンドン北部のイズリントンに建つ「天窓の家」（p72）は、かつての馬小屋を改装したレンガ造りのアパートですが、とても敷地60㎡（18坪）とは思えないほど広く感じられ、室内に暖かい光が満ちています。

本書に収録したタイニー・ハウスは大きいものから順に並べ、だんだん小さくなっていきます（㎡・坪の表記参照）。どの家も個性的で、開放感があるのが魅力です。いずれも光や風、借景を取り込む窓やデッキを、うまく配しているからでしょう。

小さな家で暮らすには、何かしらの犠牲を伴い、ときには薪《まき》ストーブで料理をすることもあるでしょう。しかし、どの建築もデザインで妥協することなく、質素にかつ豊かに暮らす新たなお手本を示してくれています。ほんのもう少し自然と環境に歩み寄れば、住まいは未来にもっと夢を与えてくれるでしょう。

ミミ・ザイガー

CONTENTS

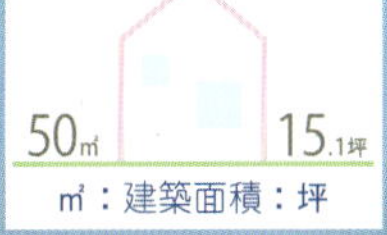
50㎡
15.1坪
㎡：建築面積：坪

のっぽの家

Lowerline Residence/ Domestic Shed

アメリカ、ルイジアナ州

周囲より頭一つ高いこの家は、シルバーのガルバリウム鋼鈑で覆われたシンプルな外観で、黒い窓との組み合せがシックだ。寄棟や切妻の平屋が多い住宅街のなかで、片流れ屋根の存在がひときわ目立っている

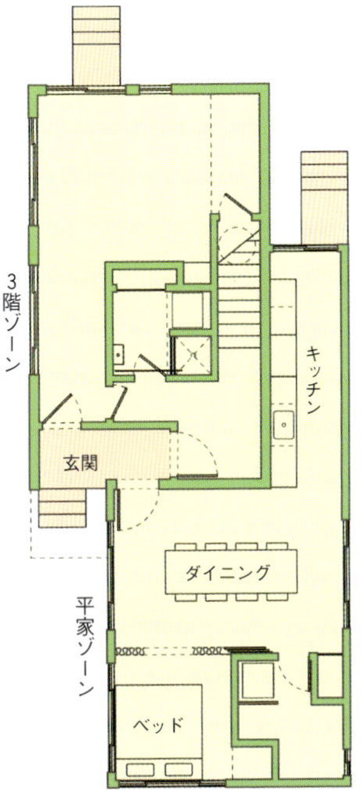

手前の平屋に奥の上階が覆いかぶさる。１階部が閉鎖的なのに対し、上階には大窓とテラスを設けて開放的だ

小さな３階建てシェア・ハウス

ニューオリンズを流れるミシシッピー川の河岸に、こんなのっぽの３階屋がぽつんと建ち、周囲の民家を見下ろしている。

外壁はすべてがガルバリウム鋼鈑で覆《おお》われていて、周辺のアメリカ南部でよく見かけるショットガン・ハウスという長方形の狭小住宅やクレオールコテージと呼ばれる家屋(ガルフ海岸に多い)とは馴染《なじ》まないものの、河畔の自然と景観には似合っている。下階は隣家に調和した造り、しかし３階へ昇ればミシシッピーの眺望が見渡せる。

この２世帯住宅はカトリーナ台風の襲来時に建てられたのだが、幸い建物はあらかじめ地盤面から持ち上げられ、水や湿気のリスクを考慮して設計されていたため水害から免《まぬが》れることができた。

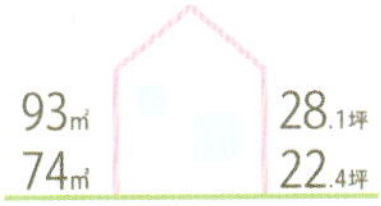

（上の数値が３階ゾーン）

ロフトのような寝床へアクセスする住人にとってこのパイプ椅子は必需品。モノトーンがお気に入りのようだ

最上階のリビングを共有する二世帯住宅のデザインは、ニューオリンズにおいて手頃な価格の割には質の高い住宅スタイルとなっている。既製品の建具を用いたつくりはきわめて質素だが、天井を高くしたり、川の眺望を可能にするなど、限られた面積をカバーする趣向が凝《こ》らしてある。

また、高い天井にシーリングファンをセットすることで、空間全体に冷房がとどくようにし、天井高を利して上部の換気窓から上昇気流を排気することも可能にしている。さらに、ガルバリウム鋼鈑立平葺《ふ》きの屋根にすることで太陽熱による熱負荷も軽減している。

小屋裏ロフトの寝室も魅力的だ。ニューオリンズの湿気の高い水辺では、この無機質な背の高い住宅デザインが新たな基軸になるかもしれない。

キッチンからダイニング越しにベッドルーム。就寝時はカーテンで仕切り、開け放つと大きなワンルームに。小さな空間に対する工夫だ

2階の裏側に設けた小さなキャンティ・バルコニーで、椅子に腰掛けてミシシッピーを眺めながら寛ぐ

森に浮かぶ家

Snee-Oosh Cabin

アメリカ、ワシントン州

軽やかな石のステップの先にガラスの家がライトアップされて浮かび、森の中で息づいている

外と内の境をなくした山荘

この洒落《しゃれ》たロッジ風の家は、アメリカ・ワシントン州の原住民スウィノミッシュの居住保存区に建てられている。この地の古いの集落の民家、そして海を見渡せる美しい森からインスピレーションを得て、このデザインに行きついたという。

建築事務所「ゼロ・プラス・アーキテクツ」は、豊かな自然に恵まれた風土に敬意を表し、木造を基本理念に現代的な小屋をつくりあげた。

全面ガラス張りにしているのは、戸外と家屋を明確に仕切らないためだが、それが効を奏して木々のシルエットがガラス面に映り、森に囲まれていることをより引き立てている。建築家は美しい原始の森を守ることを念頭に、なるべく小さな家を樹林のなかに溶け込ませるように心掛けた。建築家の志《こころざ》しというものだろう。

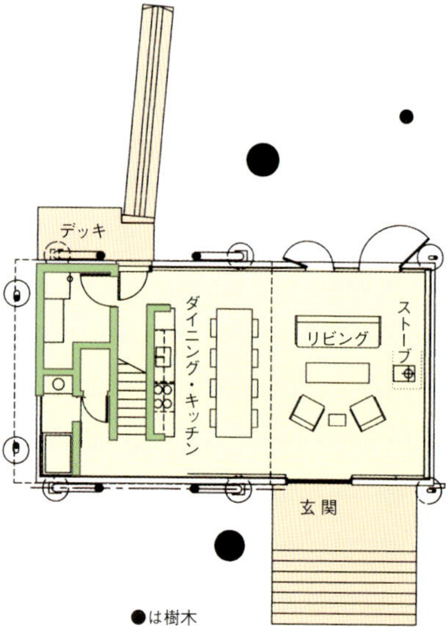

●は樹木

107㎡ 32.4坪

樹木に溶け込むようにひっそりと建てられ、不時着した宇宙船のようにも見える

8つのコンクリート基礎を持つこの家は、太古からある木々と共存を図りながら、落ち葉が堆積した敷地の上に、ふわりと浮かんだように建てられている。床を高く持ち上げたおかげで、植生は浮いた家屋の下の空間でも繁殖できるだろう。

室内の空間もすっきり整えられている。オープンキッチンをはじめ、寝室などをコンパクトにすることにより、大きなリビングルームが生まれた。空間利用の好例といえよう。

リビングの方流れ屋根がのびやかな雰囲気を。全面ガラス張りのため周囲の緑が壁面のようで、中央に薪ストーブを設置。眺めのいいキッチンがこの家の特等席

窓の縦桟が樹木の幹と重なり内外がつながる……森の中に浮かぶステージ

大きな屋根はさながらカニの甲羅《こうら》のようだが、スチールの骨組みが木質天井と大屋根パネルを支えている。そこに天窓で緑の明かりを採取し、天井ファンで換気と清々《すがすが》しい空気を取り込む。

またプレハブトラスや屋根材の組み合わせは現場の施工を容易にし、それが結果的に環境負荷の軽減にもつながっている。

バスルームと廊下の境はスモークガラス張りで内部は見えない。上部は透明だから天井が連続し、広々とした雰囲気である

床と天井には天然木材がふんだんに使用され、周囲の森が借景となって室内に飛び込んでくる。整然と設えられたダイニング・キッチンがいかにも使いやすそうだ

吹き抜け上部からリビング、テラスを見下ろす。窓から差し込む光が美しい陰影を生み出し、みごとなコントラストをつくりあげる

ひねりの館
XS House
アメリカ、マサチューセッツ州

ツイストした3つの木箱はさながら巨大な積み木のよう。絶妙にバランスをとりながら、遊び心のあるユーモラスな館をつくりあげている

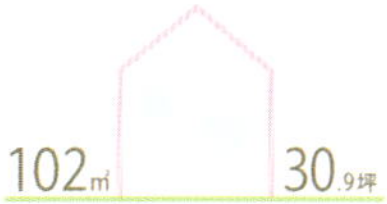

ちょっとねじってみると……

マサチューセッツ州、ボストン郊外のケンブリッジは閑静な住宅地だが、その一角のクリフトン・ストリートには洒落た単世帯住宅が建ち並んでいる。

このエリアで、建築家集団「UNIアーキテクツ」は空いた敷地を有効利用するために4分割し、大小異なる4つのサイズ（XS、S、M、L）で構成された面白い家づくりを企画した。4戸のうち、最小の家として設計されたこの3階建ての「XSハウス」は、隣家との調和を図りながら、プライバシーを保ちつつ、陽光をいかにして室内に取り込むかに挑戦した。

まず、1層を4.9m×6.7mサイズの3層の箱に分割した。そして各階の天井から光を取り込むために、各階を「ひねり」の構造にして微妙なズレを生じさせ、コーナー部に天窓を設けたのである。これにより室内にほどよい自然光を取り込むことに成功した。

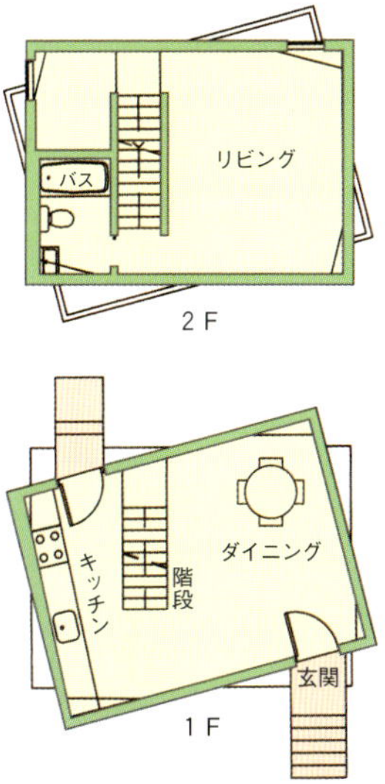

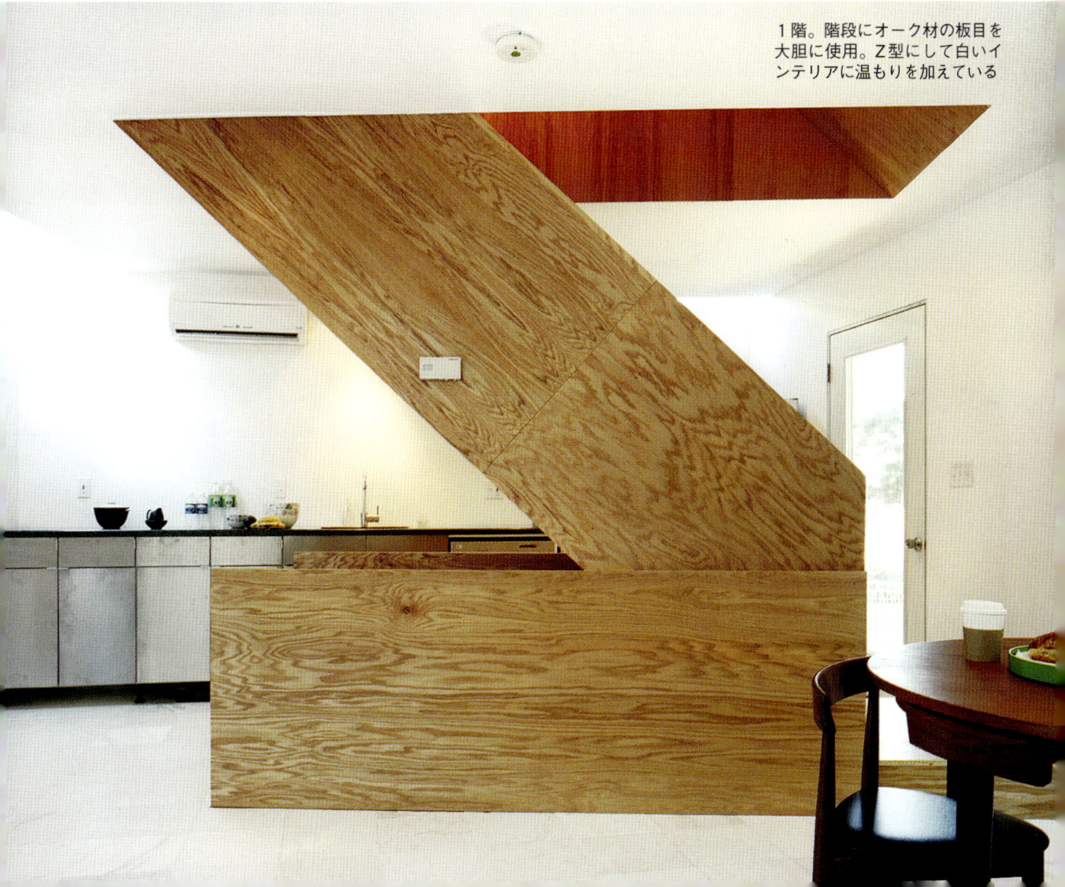

1階。階段にオーク材の板目を大胆に使用。Z型にして白いインテリアに温もりを加えている

各階のズレにより生じた天窓から室内にたっぷりと自然光が取り込まれる。白を基調とした内装には窓がないため、光のコントラストはよりいっそう強調されている

一見、コールテン鋼で覆われたような外観だが、外壁材にはヒマラヤスギが用いられ、美しい木目模様が“３つの重ね箱”をつないで、浮遊感ただよう温かい雰囲気を醸《かも》している。

対照的に、室内には船舶用合板のマリン・プライウッドが使用されている。オーク材のＺ型の階段が空間を仕切りながら、巧みにずらした各階をたくましく繋いでいる。

床に白い大理石を用いた１階のダイニング・キッチンはきわめてシンプル。コーナーの天窓から取り込んだ採光が、狙いどおり明るい空間をもたらしてくれている。

２階に上がると、オーク材でしつらえたリビングが広がり、見るからに居心地がよさそうだ。素材をうまく使い分けながら、３層それぞれに違った風合《ふうあ》いを出しているのは建築家の力量といっていい。

勝手口付近に設けた渡り廊下の外壁は半透明素材で
覆われ、どこか日本の障子のようにも見える

階段横に設えた白い大理石貼り
のオールインワン・バスルーム。
透明ガラスで仕切られているせ
いか、さほど狭さは感じない

セーヌの舟家

The Floating House

フランス、パリ

川に浮かぶ書斎のような佇《たたず》まい

プリントアートの国際的な交流の場である「フランス現代アート出版センター(CNEAI)」は、芸術の都を流れるセーヌ川の岸辺にひっそりと浮かんでいる。

パリで活躍しているデザイナー、ロナン&エルワン・ブルレックは、アーティストのために住居とアトリエを兼ねたこんなハウスボートをデザインした。

詩情ゆたかな街の歴史を彩るかのように、この浮かぶ家は、ルノワールの絵『舟遊びの昼食』で知られるパリ近郊のシャトゥー島の岸辺に静かに係留されている。

漆黒の川岸に停泊するハウスボート。内部の明かりで流線形のフォルムやサイバーな構造体が浮かび上がる

93㎡　28.1坪

建築家ジャンマリー・フィノーと海軍所属の建築家デニス・ダボシンは、フランス北西の港街ル・アーヴルにおいて“川面に浮かぶ書斎”をイメージして構想を練り、夢ふくらむ家づくりに専念した。

やがて竣工《しゅんこう》し、進水してドックにぷかりと浮かんだ風変わりな小舟は、航海に出る。それは海へではなく、セーヌ川を160キロも上流へと遡《さかのぼ》る長い船旅だった。

船端のイージーチェアに腰かけてパノラマ・ウィンドウ越しに眺める対岸の景色はこたえられない

夕暮れ時、明かりが灯されたハウスボートの姿が水面に浮かびあがる。木装された内部の雰囲気がよくわかる

家全体をやさしく包みこむような流線形のアルミ外皮は、落ち着きのある佇《たたず》まいを見せ、かつ開放的である。

全長23mの細長いボートを島の景観になじませるため、デザイナーはやがてプランターから伸びてくるツル草が緑の葉陰をつくることを予測して、舷《ふなばた》にぐるりと木製デッキテラスを設けた。夏でも室内の涼しさが保たれているのは、その壁面緑化のおかげである。

壁から天井にかけてゆるやかなカーブを描く木板張りの室内にイージーチェアとサイドテーブル

ゲストをもてなすために壁面に設えたキッチンは、オーブンなどがビルトインされた本格仕様

セーヌに面した壁面だけに窓を開け、岸辺からほどよい距離をとることによって、プライバシーも確保されている。

窓のほとんどが低いところに設けられているため、水面に反射する水紋の光が室内の杉壁に映りこみ、ゆらゆらと揺れる。そんな心憎にくい幻想シーンも、建築家によって端《はな》から仕組まれた演出にちがいない。

こんな心地いいオフィスで仕事ができれば……。船首のデッキテラスではコーヒーを飲みながら読書でも

仕事用の机や椅子は飽きのこないシンプルなデザイン。赤いテーブルがポイントだ。窓から水面に反射した自然光が燦々と入り込む

スロット・ハウス

Slot House　アメリカ、ニューヨーク州

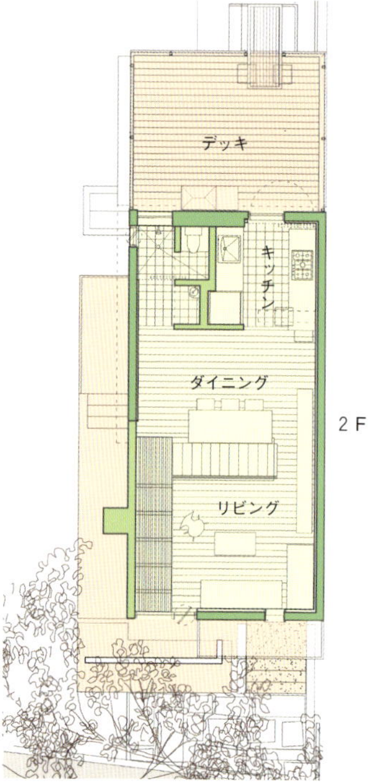

白い塩ビサイディングと木塀
の構成はアメリカ住宅の定番

楓《かえで》と家の粋なコントラスト

ニューヨークのブルックリンを拠点にしている建築家マルガリータ・マッグラスとスコット・オリバーは、楓の木の傍《かたわ》らに建つ築200年の長屋をリノベーションした。

住宅街フォート・グリーンの表通りからやや奥まったところに建つ塩ビサイディングとレンガで造られたこの家の前には、高さ18mの楓のシンボルツリーが繁っている。建築家はこの木を保護するために、大掛かりな工事をしないことにした。それが効を奏して、のびやかな空間が生まれた。

玄関脇に高い垂直スリット窓を設けたのは、楓の木を借景にして、室内に自然の緑を呼び込むためだ。

溶融亜鉛メッキ塗装のスチール階段脇にはグリッド状の手摺が。木と鉄の組み合せは相性がいい

壁面にアンティークレンガを用いたメインフロア。階段を境にリビングとダイニングキッチンが手前と奥に分節されている

亜鉛メッキで塗装された階段は、地下から2階までをつないでいる。どんな気候にも適応できる縦長のクリアストリー窓は、採光用として教会などでも用いられる高窓である。おかげで冬でも暖かく過ごせ、夏には木の葉が庇《ひさし》となって涼を与えてくれる。

改修のため古い家屋の解体を始めたとき、「遺跡」が発掘された。杉の木材と1800個にも及ぶ手作りレンガが出てきたのだ。レンガは今でも屋根裏部屋に大切に保管され、この家がやがて改修されるときに再利用されることになるだろう。

住居の広さは55.7㎡だが、後方には37㎡の賃貸のマンションも付随している。

2階の寝室をキッチン棚の間に設けるなどの工夫が見られるが、前庭にあえて楓の広い空間を作ったことで、洒落たコントラストが生まれている。

天窓からの拡散光は階段吹き抜けを介して下階まで届けられる。高窓により天井が高く感じられ、せせこましい雰囲気がない

93㎡ 28.1坪

ハンドルの家

Delta Shelter

アメリカ、ワシントン州

幅広の片開き戸を全開すれば、ベッドルームはたちまち半屋外空間となる

川原の一軒家の愉しみ

アメリカ東部のワシントン州北部を流れるミソウ川(コロンビア川支流)の渓谷——その川原は100年にわたって氾濫《はんらん》をくり返しているため、この谷に家を建てることなど無謀と思われていた。

しかし建築家トム・クンディグはあえてそれに挑戦した。まず家屋全体を支柱で高く持ち上げることで、万一の洪水に備えて万全の対策を講じた。建設工程も周囲の生態系に及ぼす影響を限りなく抑えるため、鉄骨のプレハブパーツをボルトで固定するだけの軽易なものにした。

こうしてつくられた川原の一軒家には、ちょっと面白い仕掛けが装備されていた。

93㎡　28.1坪

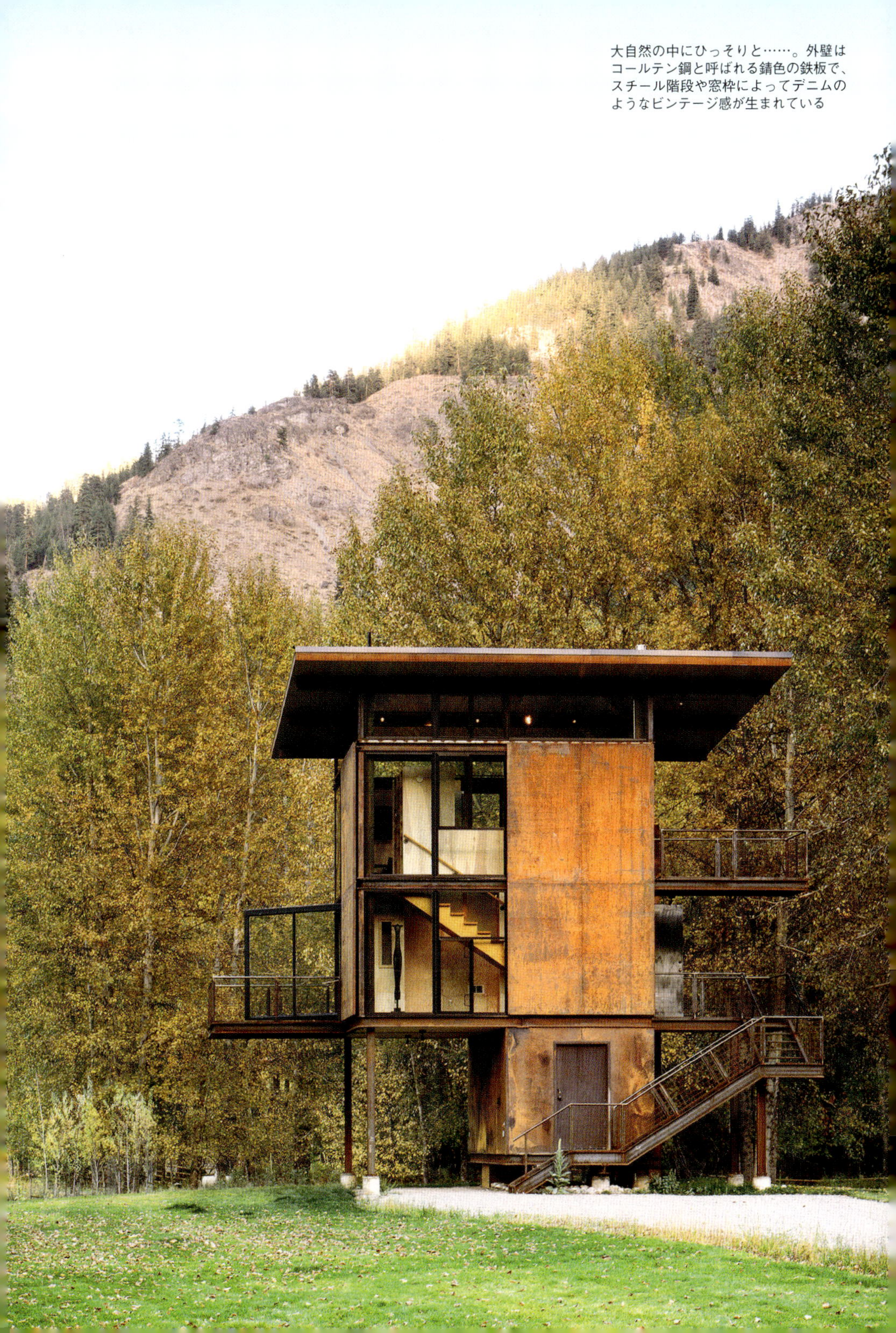

大自然の中にひっそりと……。外壁はコールテン鋼と呼ばれる錆色の鉄板で、スチール階段や窓枠によってデニムのようなビンテージ感が生まれている

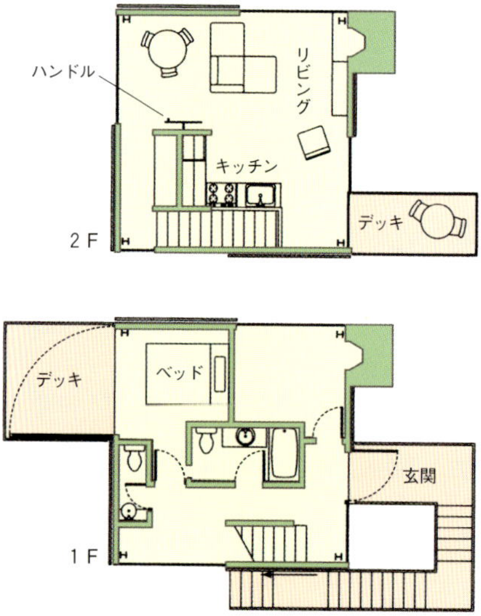

ハンドル操作によって順番に雨戸を閉めることで、悪天候時にもガラス面はしっかり保護される（左上）。外観にさまざま表情があるのもこの家の特徴

大型ハンドルは雨戸の開閉操作に加え、インテリアにもなっている

正方形の室内(6m × 6m)に配された大きな窓。高床の利を生かしたその窓からは、展望台のように渓谷の美観を眺望できる。悪天候のときは外側にセットされた頑丈な雨戸が、ガラス面を守ってくれる。高さ5.5m ×幅3mの雨戸は4枚、それを開閉するのは大きな手動ハンドルだ。巻き上げ式のケーブルを人力でスライドさせて操作する。

リビングの窓が風景画のカンバスの役割を果たしている

グレーチング床の先にある大きなスチール製玄関ドア。
正面に見えるのがバスルームなどの水廻りユニット

錆《さび》色をしたコールテン鋼の外観には、メカニックで硬質な雰囲気が漂っている。しかし、スチール製グレーチング床のアプローチをたどっていったん中に入れば、むき出しの鉄骨梁や開閉式の窓、ベニヤ板の壁がいかにも手作り風で、天井も階段も木製で美しく仕上げられている。

生活空間は2つのフロアに分けられている。2階には寝室が2つとバスルーム、3階にはリビングとオープンキッチンが設《しつら》えてある。ベニア材がそのまま生かされた壁と、ハンドルのシャフトや黒い窓枠の取り合わせがアートのように斬新なデザインを見せている。その直線で構成された室内に、ユーモラスで温かい雰囲気をもたらしているのが、リビングの壁に取り付けられた巨大なバンドルであろう。

豪雪地帯にしっかりと根を張るタイニー・ハウス。陸屋根の庇のおかげで、窓に対する雪の負担は最小限にとどめられている

寄生する家

Parasite Las Palmas

オランダ、ロッテルダム

緑色の家が屋上のエレベーター機械室にへばりついている。完全に上に載るのではなく、半分だけせり出している

対岸から眺めると異様な寄生ぶりがよくわかる。そもそも緑の家は目立つ……

ビルの屋上で家を育てる

建築家シュトゥールマッハの手になるこの屋上家屋は、誰もが思いつく「屋上緑化」とはほど遠いものだ。その名も「パラサイト（寄生虫）」。こともあろうに、緑色の小さな虫がビルの屋上のエレベーター塔にへばりついているのだ。これもひとつの「屋上緑化」と言えなくもない……。

この鮮やかな緑の物件は、オランダ第一の港街ロッテルダムにある。港に出入りする船を見下ろしながら湾岸にそびえ立ち、殺風景な倉庫群のなかで異彩を放っている。

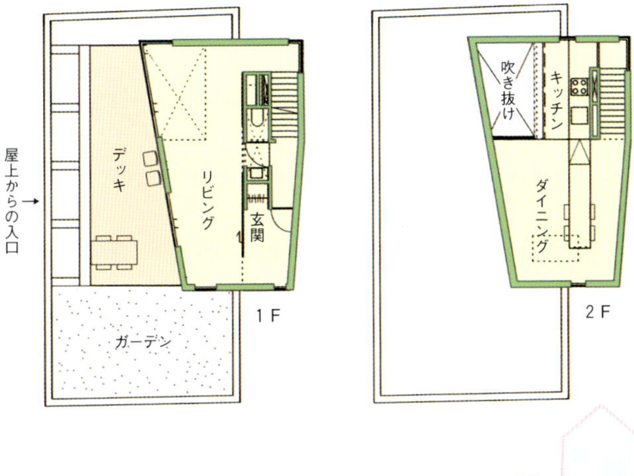

港を見下ろすパノラマ展望……リビングには椅子しかいらないだろう

もとはといえば、この風変わりなタイニー・ハウス、「欧州文化都市博」の展示の一環として国際建築家グループによって造られたもの。約30点のオリジナル作のなかの一つだが、今ではすっかりこの高台に寄生し、港のシンボルになっている。

なんだかビルの屋上で育つサナギの幼虫ようだが、その“生態”こそが低コストの条件を充たしているのだ。なぜなら、空き地同然のビルの屋上に据えられて、電気・水道などインフラ導入にも成功しているからだ。

もしかするとこの家は、都市がむやみに郊外へと拡大するのを、まさに水際で喰い止めているのかもしれない。

外壁のみならず屋根までも蛍光グリーン！
まさしく屋上緑化だ。エレベーターピット
の屋根でガーデニングとは微笑ましい

２階の書斎にはピクチャー・ウィンドや天窓などから陽光が注ぎ込み、切り取られた港の景色が飛び込んでくる。奇抜な外観とは対照的に、室内はすべて杉板で、やさしい空気に包まれている

（右）１階の建具を開け放てば、行き交う船を見下ろすデッキテラスとつながる。とてもビルの屋上とは思えない快適な隠れ家だ

壁、床、天井には、リサイクルの木製パネルが活用されている。規格化されたプレハブ材は、工場にて速やかに組み立てられて現場に送られる。

このロケーションではユーモラスな寄生の姿を見せているが、その2階建ての配置はきわめて単純明快。キッチンや浴室などの水廻りスペースを階段側にまとめることにより、リビングや寝室は一室空間になっている。

壁を切り取ったシンプルな窓に加え、室内に張られた木製パネルはあえて加工せずに素地仕上げすることで、余分なものを排除したミニマリズムの美さえうかがいとれる。

チューブの家

Turbulence House

アメリカ、ニューメキシコ州

砂漠地帯に、氷山のように浮かんだこの家は、地球の温暖化に警鐘を鳴らしているかのようだ。

建築界の巨匠スティーブン・ホールによってデザインされたこの穴空き建築は、一陣の風が吹き抜けたような形状を呈している。建築家はこんなダイナミックな設計をするに際し、パラメトリック・ソフトウェア(設計コンセプトに適した数値情報を導き出すソフト)を用い、そのデジタル図面をもとにアルミシェルの家をこしらえた。

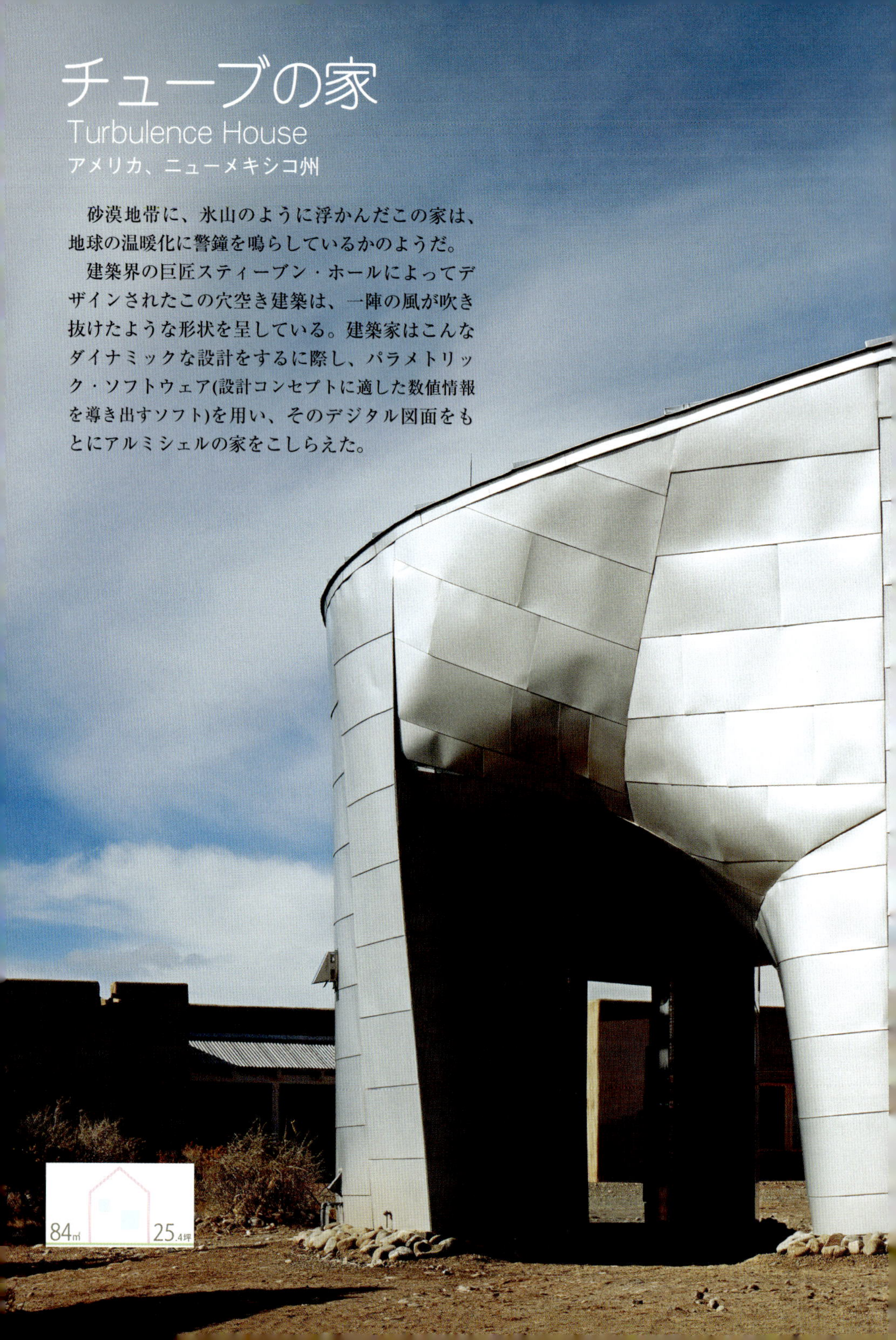

アルミで覆われた外観からは、内部の様子はうかがいとれない。緻密な作業が要求される曲面外壁の施工はさぞかし大変だったろう

軒下ピロティは風抜き穴の機能も兼ねている。曲面部にやや歪みもあるが、その手作り感に愛着が湧く

生成りとステンレスの造作家具でシンプルに設えたキッチン・ダイニング。フロストガラスを介して室内には柔らかい拡散光が充満している

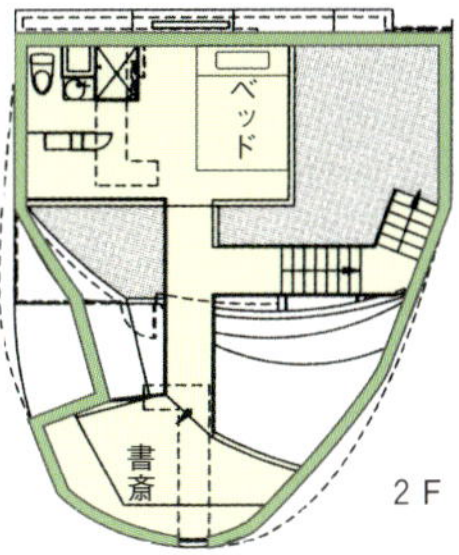

2 F

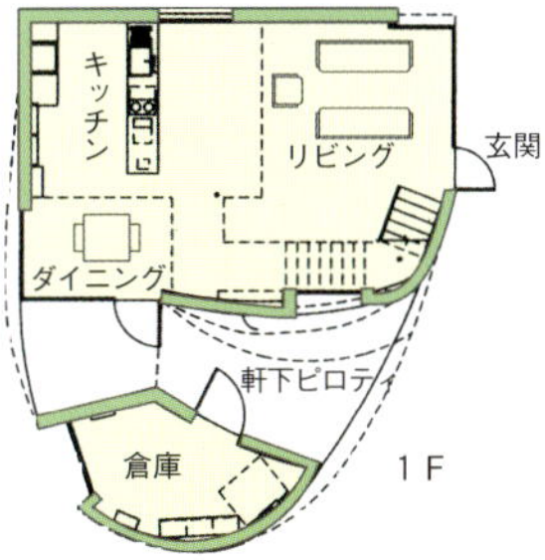

1 F

こんなユニークな家を造るに当たっては、金属板加工業A.ザーナー社と共同プロジェクトを組む必要があった。冷房負荷のかからない反射素材としてガルバリウム鋼鈑パネルを30枚用意し、現場でボルト接合した。その簡易なプロセスのおかげで、砂漠の条件下でも施工が可能となった。

コンパクトな家でありながら、形状も構造も一風変わっている。1階のキッチンとリビング、ロフトの寝室や上階の書斎等がそれぞれ独立した感じで設《しつら》えられ、それらを屋根で覆うことで、ひとつながりの家を形成するというコンセプトなのである。

スチールの黒皮仕上げで統一された鉄骨階段や深紅のソファは男っぽい雰囲気。L型の天窓から明るい光が差し込む

この家はエコハウスの教科書になりうる物件ともいえよう。屋根に搭載した太陽光パネルは、床暖房を含め室内電力を十分にまかなうことができる。北面に窓を設けることにより夏の熱砂の高温を軽減し、洞穴のようなアプローチを巨きな通風孔にして、リビングの熱気を逃がすことができる。家の南面には雨水を溜める水槽を据え、すぐに乾燥する庭を常時潤している。

斜めの床を横切るブリッジの先にはオープンスタイルの寝室が。外周にほとんど窓がないため天窓の採光が唯一の明かりとなる

縁側ハウス

Engawa House

日本・東京

16 mの大開口を開け放つと家全体が大きな縁側となる仕組み。水平ラインで切り取られたシャープな空と板張り外壁のコントラストが美しい

75㎡ 22.7坪

中庭を室内に取り込んで

家屋を縁取るように延びる長い屋根付きの廊下のことを、日本では「エンガワ」と呼ぶ。一見、ベランダにも似ているが、そこに腰かけて庭を眺めたり、訪問客と談笑する場にもなりうる面白い空間である。

最新機器を使わなくとも日照調整ができ、太陽光を取り込みつつも、風雨から生活空間を守ることもできる、暮らしの工夫が集積された場といえよう。

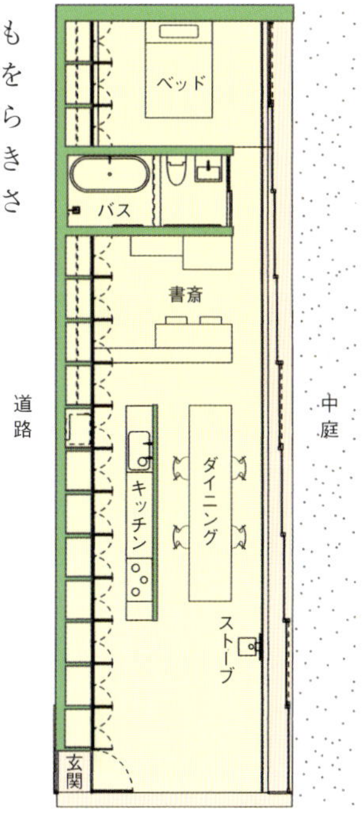

北側の中庭を挟んで母屋と向き合う細長い家。中庭には子供たちの遊び声が響き渡り、そこにはどこか昭和の香りが漂う

手塚建築研究所が手掛けた「エンガワ・ハウス」には直線の約16mの縁側が設けられ、屋内外をつなぐ役割を果たしている。細長い家屋の全長に渡って9枚の木製ガラスの引戸がはめられ、室内と中庭を仕切っている。

このような縁側を設けることで、狭い敷地が多い東京であっても開放的な気分を味わうことができる。

中庭を見渡せるアイランド・キッチンがこの家で一番の特等席。建築家自身がデザインした特注のダイニングテーブルのそばには薪ストーブを据えているから冬でも十分に暖かい

この細長い木箱のような家の構造はいたってシンプルである。芝居の舞台のように大きい間口に、16mもある2本の鉄骨梁を大胆に架構することで、自由で開放的な内部空間をつくりだしている。またプライバシーを守るために、通りに面した壁の上部には高窓を設けてある。暖気を外へと逃がすとともに、心地いい外気を屋内に取り込む仕掛けである。

スペースの半分をダイニング・キッチンが占め、仕事場とバス・トイレ、寝室は書棚や木製壁によって仕切られている。

広々としたダイニング・キッチンの中央には、建築家自らがデザインした特大の木製テーブルが鎮座している。その傍らにはインテリア性の高い洒落た薪ストーブがさりげなく据えられて、ここはいわば家の心臓部となっている。

ユーティリティーの上部は開閉式テント
を設け、全開すればアウトドア・バスへ
と早変わり。オールインワンの水廻りは
デザインホテルのようで機能的だ

四つ窓の家

Option House

スイス、チューリヒ

自由な空間利用ができる家

このシンプルで美しい箱家は、好きなところに建てられるモジュール・ハウス（移動住宅）である。建築家ピーター・ヤコブが、モジュール・ハウスの製作会社から依頼を受けて設計したオプション・ハウスだ。

スイスの現代住宅らしくすっきりとしたラインで構成され、効率よく利用されている室内は環境への配慮も見てとれる。オプション・ハウスは基本型から進化したさまざまな型があり、L字型やU字型のバリエーションは床板をそのように伸ばしたり、日除けやバルコニーなどのオプションを追加することもできる。

白い窓と木板横張りの外観はシンプルで愛らしい。場所を選ばず、すっと環境に溶け込めそうな感じの移動式住宅だ

リビングの大開口により朝の木漏れ日が室内で揺らめき、穏やかな空気が流れる

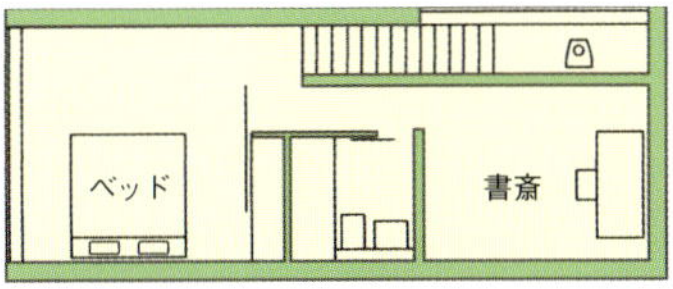

2F

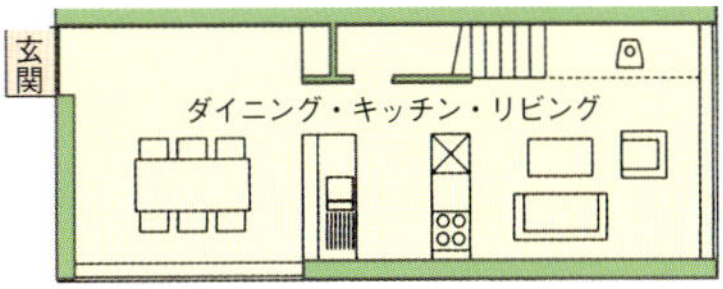

1F

4つの大窓のほか小窓は見あたらない。ガラスと面だけの大胆な構成により、いろんなバリエーションに対応できる

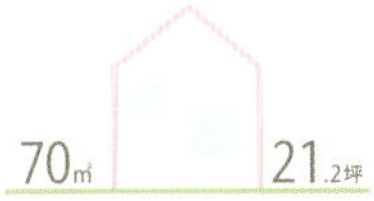

内装は無垢材、階段下にはシンプルな薪ストーブ。
アールのついた階段手すりが程良いアクセントに

実用性の高い内部空間はショットガン・ハウス(アメリカ南部の狭小長屋)のようだ。長方形の床面にすっきりと配されたダイニング、キッチン、リビングは1階に。階段を上がると仕事場、浴室、寝室というレイアウト。外と内もほとんど木材で覆われたこの家が瀟洒な佇まいを見せるのは、はめこまれた4枚の大きなガラス窓のせいだろう。そのおかげで室内には自然光が満ちあふれている。

保温のいい断熱材で包まれているため、薪ストーブだけで暖房は充分、化石燃料への依存を最小限にとどめている。

コンパクトなペニンシュラ型のキッチンとダイニング。
窓越しの緑とキッチンの赤が心地いい空間を……

大窓から漏れる室内の明かりが落ち着いた佇まい

シンプルな家にはシンプルなベッドルームが似合う。コンパクトだが大窓のおかげで狭さを感じさせない

ビーチハウス

Casa Mar Azul

アルゼンチン、マール・アスール

松林に溶け込む家を……

目の前には大西洋の海原が広がっている。ブエノスアイレス州南部の自由な空気が漂う小さな観光地ヴィラゲゼル、その浜辺に建てられた1軒である。

ビーチに沿いに松林が長くのびる土地に建てる家は、浜辺の環境に与える影響が大きいため、建て主はその思いを家のデザインに反映させたかった。

そこで設計を受けたBAKアーキテクツは、敷地内に生える43本の松を切り倒すことなく、うち数本を家屋の中に取り込むことで、周辺の風景にうまく馴染むプランを考案した。

杉板型枠コンクリート打ち放しの壁面と屋根が描く水平ライン。重厚感がありながら松林に溶け込む

62㎡　18.8坪

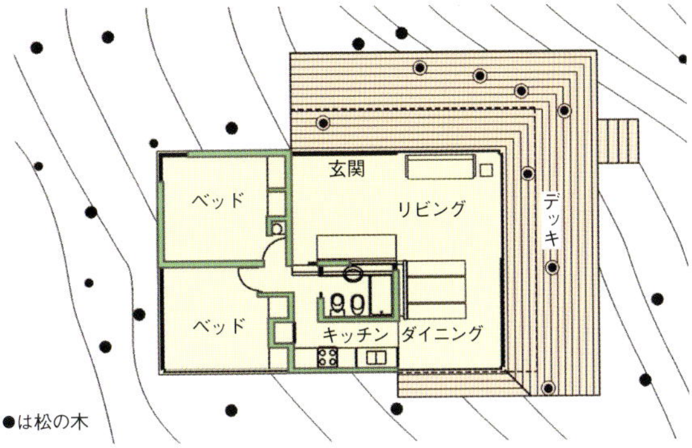

リビングやダイニングの床から天井までの窓に木々が映し出される外観は、たしかに松林に溶け込んでいる。とくにウッドデッキに面した大きなアルミ製ガラス引戸によって、外部と内部の境界は曖昧《あいまい》となり、自然との共存域をこしらえている。

粗《あら》い打放しのコンクリート壁でキッチンと寝室のプライバシーを守っているが、テラスやリビングを気品ある木材で仕上げているため、全体に木造家屋の感が強い。

また、片持ち梁《はり》の平らなコンクリート屋根だけで家全体を覆っているのも一興で、その屋根には雨水が流れるように緩やかな勾配《こうばい》がつけられている。

林立する樹木と水平連窓がみごとなコントラストを見せている

森林保護のため以前からある松の木をあえて伐採せず、ウッドデッキや庇に穴をあけて幹を貫通させている。自然に対する敬意の表れだろう

パイン材で造作したダイニングセットが、杉板型枠コンクリート打ち放しの壁や天井とバランスよく調和している

本物のいい素材だけで造られたこの家は、海辺のどんな気象にも耐えられるような工夫が施されている。

防風林となる松林は、夏には心地よい日陰をつくってくれ、爽やかな海風が吹き抜ける。そのためコンクリート面に断熱を施す必要もなく、結果として建設費を安く抑えることができた。

さらに建築家は、オーナーの意向を汲《く》んでシンプルかつリーズナブルな家具づくりまで手掛け、船の搬送木箱に用いられるカナディアン・パイン材を再利用して長椅子とテーブルも製作している。

庇はコンクリートだが軽やか

室内に明かりが灯り、荒々しいコンクリート空間と無垢材の家具が美しい調和を。キッチンの天板までコンクリート製だ

廂《ひさし》の家

POB 62

ベルギー、バラック・フレチュール

軒のない切妻家屋が床から浮いて軽やかな印象。妻面の大きなガラスに樹木が写り、周辺に溶け込んでいる

こけら板壁と廂のコントラスト

「POB 62」というネーミングからすると、いかにもハイテク建築物を連想してしまうが、形状をみるかぎり木製フレームや柿板《こけら》の外壁など、随所に日本の伝統的手法が垣間《かいま》見られる。

ちなみに柿板張りとは、桧やマキなど水に強い木材を長さ24cm前後、幅6～9cm、厚さ数ミリのタイル状に切った薄板を、外壁にウロコ状に貼ったもの。

屋根は典型的な切妻であるため、正面と背面にはホームベース型の妻面が現れている。クレヨンで描かれたシンプルなスケッチから製作されたにもかかわらず、洗練されたガラス窓のデザインは実にみごとだ。

大判ガラスによる熱得失の課題に対し、建築家コーンソンはラーチ材の木製ルーバー庇でガラス全面を囲うことを試みた。このアイデアは夏の直射日光を遮る日除けになるし、ベランダに心地よい日陰をつくってくれる。

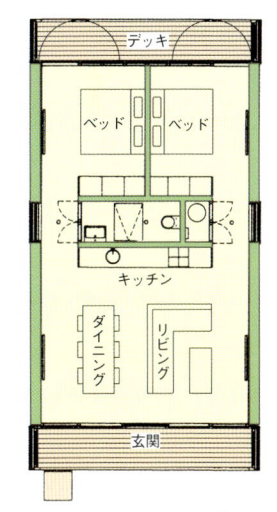

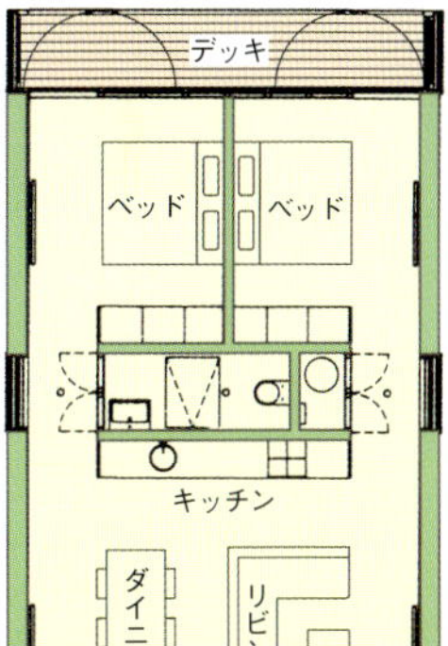

62㎡　18.8坪

袖壁から庇へ連続する木格子は視線を通しつつも、強烈な日差しをシャットアウトする役割を担う

建物の両側に設けられた2つの土間ポーチは、14㎡ほどの生活空間を生みだしながら、屋内と屋外の境界線を曖昧にする効果を生み出している。

この建築家コーンソンが提案したプロトタイプの家は光で包まれている。それはきっと、ベルギー各地で目にしてきたチープなデザイン住宅に対する、彼流の抵抗なのだろう。

バラック・フレチュール山の麓に据えられたこの「POB 62」は、いわゆる展示住宅だが、購入希望者には週末の仮住居としてレンタルも行っている。

裏面は木製の引戸にしているが、デッキは統一した造り。縁側のように腰掛けても心地いい

木材の薄板をうろこ状にした「柿（こけら）張り」は日本の伝統手法で、外壁から屋根まで一体で覆うことができる。一枚一枚の板の色や柄が異なり面白い風合いがある

室内はキッチンや風呂などの水廻り空間を中心に据えて効果的に空間が分割されている。水まわりコアの一方にリビングがあり、もう一方には２つの寝室がある。

内装は最低限のしつらえで、ほとんどが合板による仕上げだ。室内に自然光をたっぷりと取り込むことにより、タイニー・ハウスの中に温かい空間が広がっている。

一滴《ひとしずく》の家

Lucky Drops

日本、東京

街に明りを灯すタイニー・ハウス

こんな不思議な形をした家が、日本の東京に建てられている。すぐ隣には二重勾配のマンサード屋根をもつ建売住宅が3棟連なり、そのコントラストが面白い。

屋根に十字架でも冠《かぶ》っていれば、街の小さなチャペルのようにも見えるが、「ラッキー・ドロップス」と称したくなったのは、恵みの雨の一滴にも思えるからだ。

この紡錘《ぼうすい》型のとんがり屋根の家は、敷地と呼ぶにはあまりに狭い、路地といっていいほどの狭小地に建っている。玄関前を横切る3m幅の道路よりも、建て幅はさらに70cmも狭く、温室のように長く延びている。

日本の伝統的なフォルムを進化させた60㎡ほどの小さな家は、行き交う人の目をとめる街のランプのようだ。

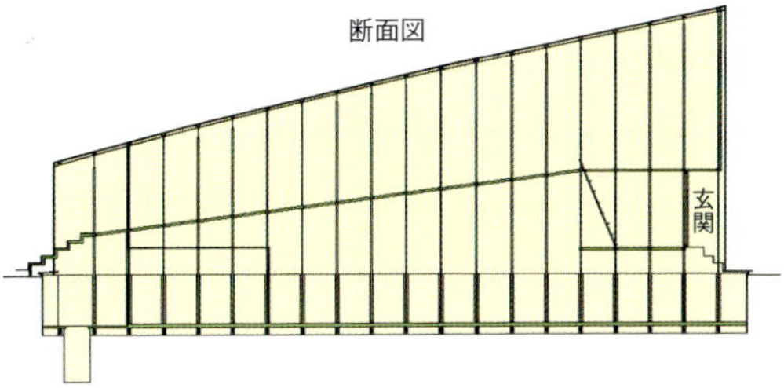

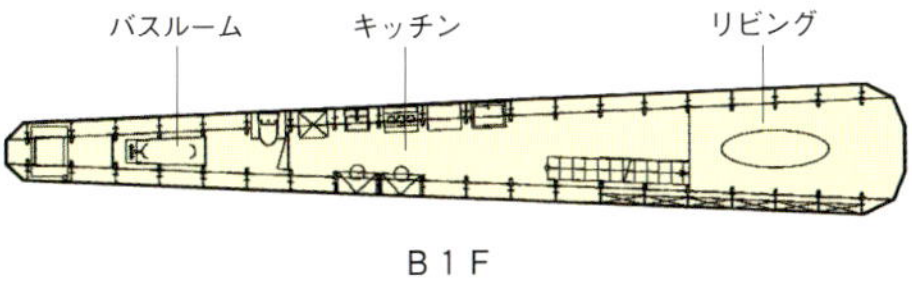

B1F

北欧にある小さな教会のような外観。
ミニ開発で生まれた隣家の建て売り
3兄弟との対比がじつにシュールだ

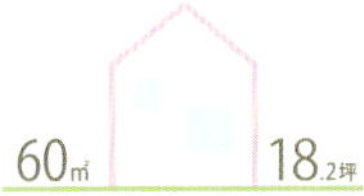

限られた敷地を有効利用するためスチールの構造材を極限まで薄くしている。内壁には半透明の断熱材が挿入されているため居住性も高い

FRP（繊維強化プラスチック）の外皮は、鉄骨リブ構造を覆う膜としての機能も果たしている。半透明素材を使用することで太陽光が建物の奥深くまで入り込み、夜には自らが発光体となる。

全長約30mの細長いこの家は、家族の要望を満たすための挑戦でもあった。建築家の山下保博はメインリビング、キッチン、浴室を地下に設けることで、みごとに難題を解決している。

エクスパンドメタル製の軽快なキャットウォークを見上げる。半透明の外皮を通して下階に柔らかい光が注がれる。それにしても30mの奥行きは圧巻！

エントランスからリビングへ通ずる階段を見下ろす。両側の柔らかい皮膜を介して室内に外光が充ち、およそ住宅街の一角とは思えない幻想的な光景である

人造大理石製の洗面台とステンレス製のキッチン。地下壁面には水廻りのユニットが整然と造り付けられている

1階の通りに面した玄関から入った訪問客は、小さなリビングへ通ずる鉄骨階段を降りる前に、まず奥へまっすぐ延びるダイナミックな光景を目にすることになる。自然光と遠近法の効果によって、内部の開放的な空間に吸い込まれるような錯覚にとらわれる。

1階の床も2階のキャットウォークのような床も、透光性のあるスチール製のエクスパンドメタルで仕上げることで、屋根裏部屋のような小空間に、温室を思わす暖かい光を取り込んでいる。

外壁から漏れる光をまとう夕景のシルエット。
行燈（あんどん）のような和の表情が浮かぶ

天窓の家

Front To Back House

イギリス、ロンドン

隣家とぴたりと接しているのがロウハウスやテラスハウスと呼ばれる長屋の特徴。外壁の素材や色調、スカイラインが統一されて街並みに一体感が生まれる

日本の障子に似たガラススクリーンだが、煉瓦との相性もいい

古民家をリノベーションして……

ロンドン北方に位置するイズリントン近郊には、18世紀から19世紀にかけてつくられたレンガ造りのアパートメントが石畳の歩道沿いに建ち並んでいる。

もともと労働者の寄宿舎や職業訓練場として建てられたこれらの建物は、だいたいがうす暗く窮屈な間取りだった。しかし、環境の良さからも人気のある区域であるため、地価は高いのが現状である。

建築事務所スケープ・アーキテクツは、古くて暗い窮屈なアパートメントをこんな長屋風の佇まいに改修することで、巧みに光を取り込んだ家を生み出した。

もとは歩道に面して2つの小さな窓があるだけの古びた暗い家で、近隣の建物や学校の校庭で三方を囲まれているため、とても採光は期待できなかった。

そこで建築家は、まずは内部を明るくするために屋根にスリット状の天窓を設けることにした。

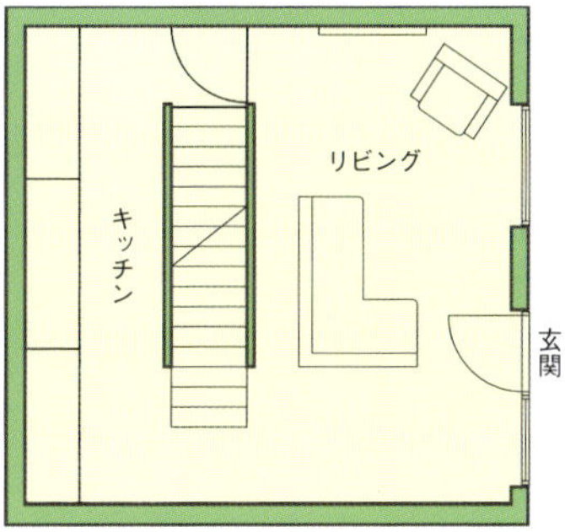

1F

60㎡　18.2坪

天窓からの採光により暗い屋上階にも生気が宿る

天井を横断する細長い天窓は、階段幅とそろえられ、屋上にはめられた透明のアクリル板を通して空を見透かすことができる。

建て主の要望に応え、1階に駐輪場、クローゼット、オーディオ収納棚を設け、キッチンやゲスト用の浴室が見えないよう工夫されている。

2階には階段コアで分離された寝室と浴室が配置され、ガラス張りのスペースが2つの空間をつないでいる。古い建物を思いきって改装し、空間を広げ、かつ室内から空が眺められる……アイデアと仕掛けで、別の家に変身したリノベーションの好例といえよう。

左がキッチンで右がリビング。
階段を挟んで2つの空間が……

室内に光を取り込む透明強化ガラスの床。下階から２階を見上げると、天窓を通して青空が……

ネオンの館

Sculp(IT) Headquarters

ベルギー、アントワープ

室内のネオン管で4色に発光するカラフルな建物は、住宅というよりナイトクラブのようだ

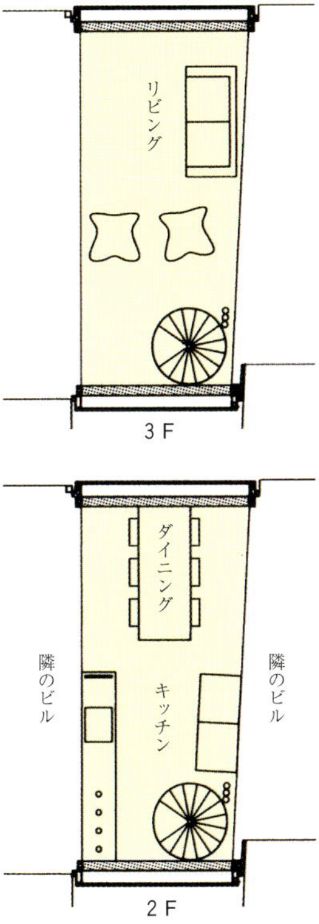

間口いっぱいのエントランスは
大きな片開きドアで迫力満点

ちょっと妖しい螺旋《らせん》階段の家

ベルギーのアントワープの裏町に妖しく光る建物……。スカルプ建築事務所が、建築家ピーリングとメルテンのために用意したオフィス併用住宅は、間口が約2.5mで住宅としてはさすがに狭い。しかし、この細長い4層の家で、人も羨むほどの愉しい暮らしが営まれているようだ。

ここは裏さびれた風俗街、古いビルの隙間《すきま》に挟まれた空間に、ガラス張りの水槽のような家とは思えない雰囲気を漂わせる“家”が埋め込まれている。

夜ともなれば室内にネオンが灯り、一見、ポルノショップかと見まがうような佇まい——なにしろ下から黄、緑、赤、青の照明に彩られ、妖しげな光を放っている。反面、ショーウィンドのようなガラス窓によって、斬新なアートっぽさも持ち合わせている。この家に単なる住宅論は当てはまらないが、消費社会に対する批判的なメッセージが込められているようだ。

60㎡ 18.2坪

壁面に機能的に造作されたキッチンと気持ちのよさそうな窓際のダイニング。
窓越しの街路樹の緑が、室内に穏やかな雰囲気をもたらしている

1階の設計事務所のスチール製本棚には整然と資料が並ぶ。白く塗装された煉瓦壁は隣家の外壁で、木造根太あらわし天井のコントラストが絶妙

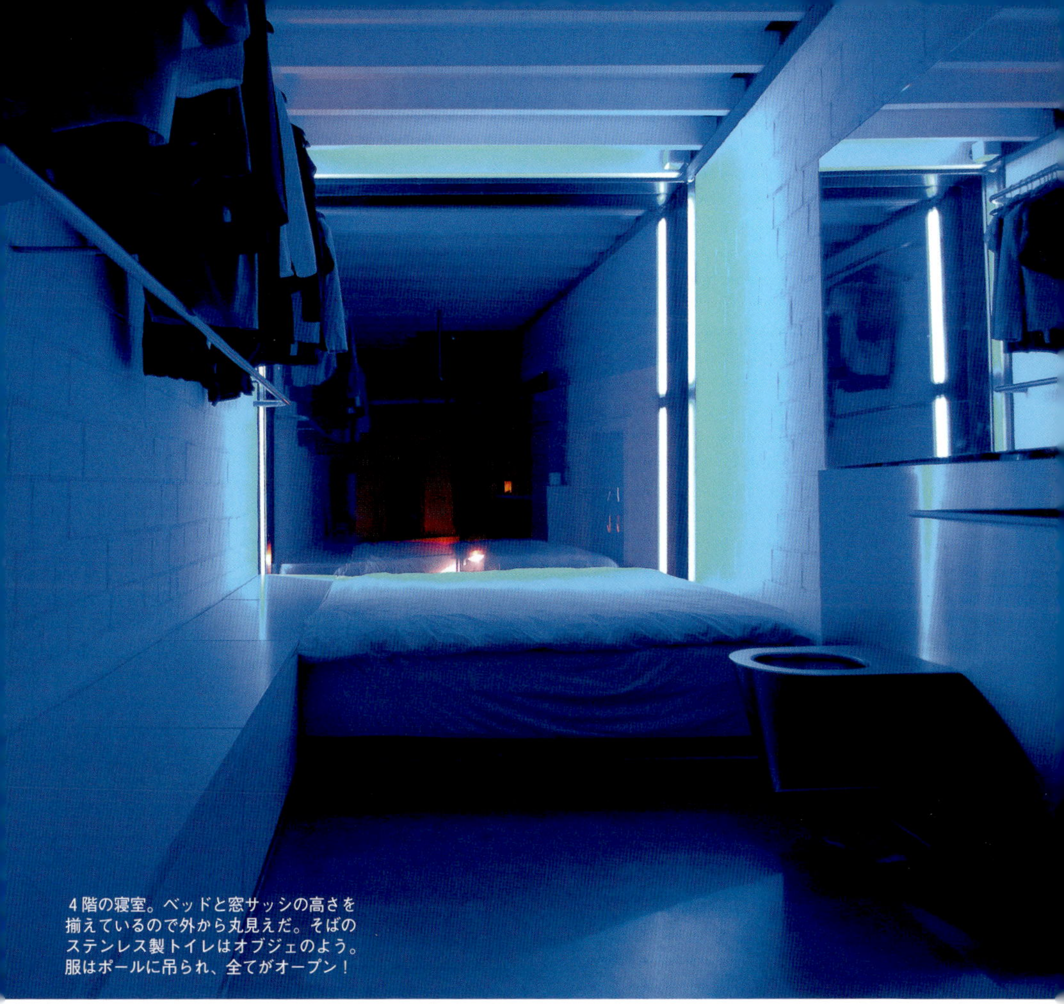

4階の寝室。ベッドと窓サッシの高さを揃えているので外から丸見えだ。そばのステンレス製トイレはオブジェのよう。服はポールに吊られ、全てがオープン！

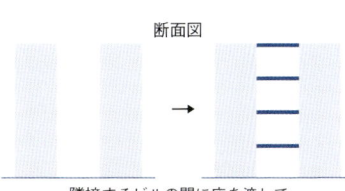

隣家の外壁を室内の内壁としてそのまま利用し、とてもシンプルな鉄骨フレームで4層の木造の床が支えられている。1階にはスカルプ建築事務所のオフィスが入り、2階はキッチン・ダイニング、3階にはリビング、そして4階には寝室が当てられ、螺旋階段によって各階がつながれている。

断面図

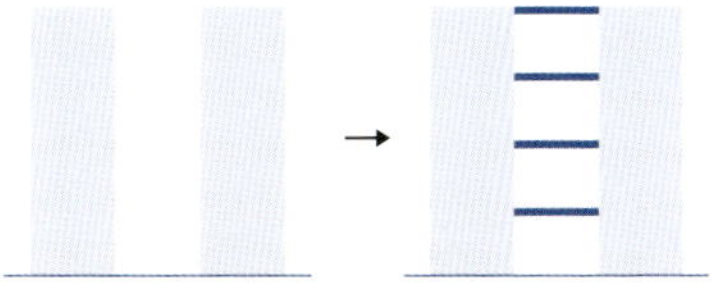

隣接するビルの間に床を渡して

家具はすべてむき出しであり、寝室のダブルベッドのレベルは窓の高さに合わせてあるため、プライバシーなど念頭に置いていないかのようだ。

仕切りのないステンレス製の壁付けトイレを考案したのも建築家だ。さらに、バスタブを屋上にセットするとは、なんとも贅沢の極みだが、この家ではそれがさりげなく設けられ、唯一の浴室となっている。

遊牧の家

Nomad Home

オーストリア、ゼーキルヒェン

草原に据えるか、海のそばに置くか？

オーストリアのザルツブルクを拠点に活躍している建築家ジェラルド・ペハムによる遊牧の家（Nomad Home）はとてもモダンで、組立式の住宅としては最先端といっていいだろう。その丸みのある愛らしい形状は、「草原に据えて自然のなかで暮らしてみては？」と誘っているかのようだ。

50㎡ 15.1坪

住処《すみか》と仕事場を兼ねたトレーラーといった感じである。地面に固定されているわけではないから、いつでも自由に移動できる身軽さは、モンゴル草原の移動式住居「ゲル」に通じるものがある。

この魅力的なプレハブは荷積みも容易で、その幅・奥行き・高さはトラックの荷台にぴたりと収まるように設計されている。

橙色のフレームが象徴的なエントランスゲート。スペーシーな外観デザインは巨大なコンテナのようだ

床から壁、天井にかけてゆるやかなカーブで連なる内装もリノリウムパネルで統一され、列車か船内のようだ。切り取られた借景もいい

蛍光グリーンのドレッサーや本棚、ステンレスキッチンなどがコンパクトに造り付けられ、使いやすそうなユーティリティー空間

この「動かせる家」が生まれた発想の中心には、環境の変化にすみやかに対応できる住宅の柔軟性が置かれている。

移動可能なモジュールの基本型は、浴室・キッチン・寝室がセットされており、基礎の上にかんたんに取り付けられる。

わずか50㎡（約15坪）のスペースとは思えないほど、室内にはゆったりとした空気が漂っている。

外観と同様に、椅子やテーブルからフロアスタンド、テレビまでが有機的なデザインで統一され、居心地のよさそうなリビングに仕上がっている

黄昏どき、遊牧の家に灯りがともる。壁面に内蔵されたライン照明が天井に反射し、全体が間接光で包まれる

給水設備や電気設備は太陽光パネルによって電力の供給がなされる。
オプション備品としては、ラーチ材（マツ科カラマツ属の落葉針葉樹）のウッドテラス、庇、予備室、ガレージなどが用意されている。
室内は全面リノリウムパネルで覆われているが、オーナーの好みによって色を選択することもでき、気分転換に模様替えしたくなったら張り替えも可能である。

ロボットハウス

M-House アメリカ、
カリフォルニア州

宇宙船が舞い降りてきた？

ロサンゼルスの建築家マイケル・ヤンセンの手による奇抜な住宅「Mハウス」は、一見、宇宙船かUFOのようである。

プラモデルの家具のようにも見えるこの家は、ほとんどの部位が資材の組み合わせによって造られているが、部材には直角がなく、角度がまちまちなので、アーティストが創った彫刻か、はたまた遊びで作った秘密基地のような外観を呈している。

しかし、こんな“クレイジー”な形態をもつには、ちゃんとした訳があるのだ。

建築家ヤンセンが開発した移動式住宅には、いかなる環境にも対応できるシステムが備わっている。ヤンセンは建築の枠《わく》をとび超えて、家の概念を変える未来の住居を考案したのだ。その建築の総称が「M-vironment system」である。

移動可能なこの家は、コンクリート基礎の上に鉄骨のフレームを組み立て、そこに蝶番《ちょうつがい》で長方形パネルを取り付けることで完成する。

外壁や面格子として作られたコンクリート製の長方形パネルは蝶番で固定され、さまざまなプログラムに応じて、自由に折り畳みや伸縮ができるため、思うままの形状が生まれるというわけだ。

一見ランダムな作りのようだが、実は一つ一つの造形に然るべき理由があることに驚かされる。

このモデルはペパーミントグリーン1色で統一されているが、もっとカラフルな色付けをすれば、愛らしいオモチャのような家になるだろう。

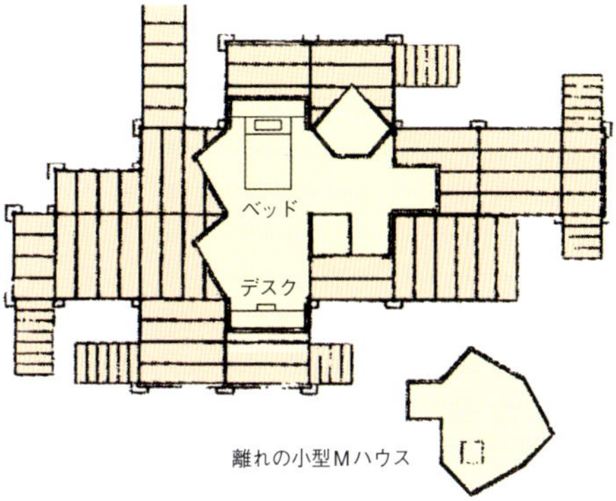

母屋のそばに据えられた、さらに小さい離れ。カニのように今にもごそごそと動き出しそうな気配だ

室内も緑で統一されている。ベッドサイドの小さな棚がとてもキュート。高窓からの柔らかい光のシャワーには癒されそうだ

外部デッキの周辺に面格子パネルをたて掛けることで遮熱効果が生まれ、雨避けも兼ねている。機能的な理由からこのような奇抜な形が生まれているとは意外である。

Mハウスのサイズは、長さ20m、幅11m、高さ7mで、外と内の空間が複雑に入り混じっている。46㎡ほどの室内の内装はオーナーの好みによるもの。日陰のデッキには造り付けベンチを備え、コンパクトな居住スペースにつながっている。

この家には標準の送電設備が備わっているが、太陽光発電や風力発電によるエネルギー補給や、貯蔵燃料タンクなどの補助装置も設置可能である。まさしく場所を選ばない家なのだ。

上階への梯子がオブジェのように見える。鉄骨柱も上部で木の枝のように分岐して愛らしいデザインだ。窓辺のデスクチェアもすっきりと洒落ている

造り付けベンチの上部からも明るい陽光が降り注ぐ。外観の奇異に見える凹凸が、すべて室内の生活空間の現われであることに気づかさられる

青空山荘

Blue Sky Mod Prototype Cabin

カナダ、トロント

軒先や軒裏にまで張りめぐらされた杉板、回廊のようなデッキが「縁側ハウス」によく似ている

自然のなかに持ち込む憩いの家

エンガワのある日本風の小さな家である。カナダのトロントで移動式エコハウスを製造しているブルー・スカイ社から依頼を受け、建築家トッド・サンダースが設計したものだ。

近年流行している安っぽいプレハブ住宅に挑戦するかのように、凝った造りを見せるこの2棟の家は、なるべく環境に負荷をかけないことを前提に田園地帯に建てられ、スケールも最小限にとどめている。

作業にあたっては地場の材料を使い、リサイクル材を利用することで、つくる過程で生じる廃棄物をできるだけ減らすように心掛けた。

繭形の照明の柔らかい光が、格子状の衝立や木製の窓枠などを浮き上がらせてオリエンタル調だ

サンダースの設計デザインは、北欧の山荘から大きな影響を受けている。この家は杉板材で覆われ、最大限に伸ばした庇によって直射日光を遮《さえぎ》り、熱負荷を軽減している。

この山荘は2つの居住空間で構成されている。1つは27㎡の居住用、もう1つは環境にやさしいコンポスト(堆肥)のトイレやシャワー、木材燃料によるサウナを設けた空間だ。いずれも13m × 5mの杉材デッキの上で休んでいるような佇まいで、緑深い森にうまく溶け込んでいる。

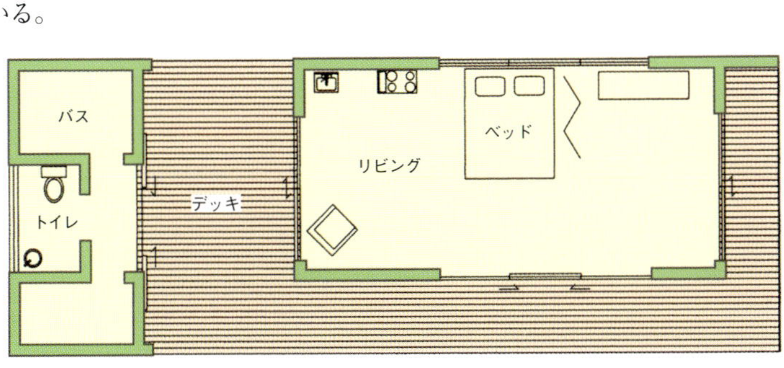

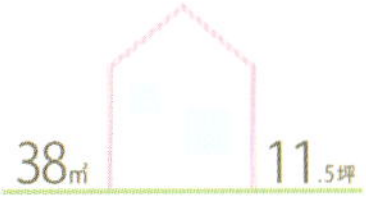

デッキテラスをはさんでトイレと浴室を設置。日本の茶室を思わす造りで、モスグリーンの塗壁とトイレやバスにつながる仕切り、飾られた活け花も日本家屋を意識してのことだろう

(左) 分厚く重厚な屋根。しかしその下の木製引戸のガラス面に周囲の緑が写り込んでいるせいで、内外が連続しているような開放感がある

木箱の家

Box House

オーストラリア、
ニューサウスウェールズ州

野外生活を愉しむ家

オーストラリア南部の大平原を見渡す丘に、こんな素敵な小さな家がぽつんと据えられている。間口も奥行も6mの立方体、人によっては物置小屋かと見まがう形をした「ボックス・ハウス」は、実は厳しい規制のなかで造られている。

設計はオーストラリアの著名な建築家グレン・マーカットの息子ニック・マーカットが手掛けている。

37㎡　11.2坪

週末は仲間が寄り集う憩いの場

そのデザインにはほとんど無駄がない。建物の三方は、厚さ32ミリの木目が目立つ褐色の木材で囲われている。

構造のフレームには地元に生息する斑模様のゴムの木が使用され、展望のいい北側は全面ガラス張りとしている。

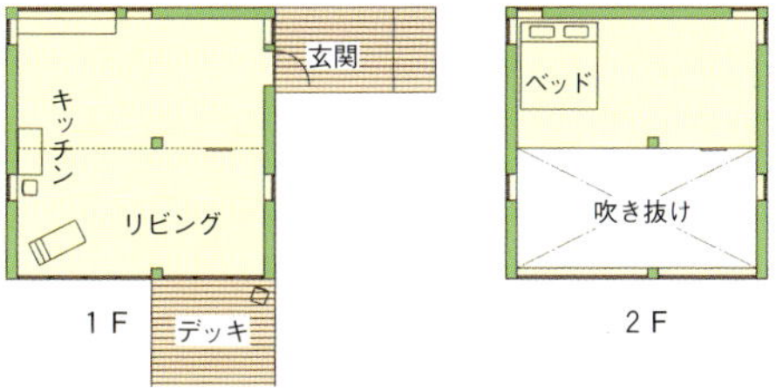

「田」の字型の端正な造り。木製の折り畳み戸を全開すれば内外の空間があっとうまにつながる。デッキの小椅子がじつに心地よさそう

9本のコンクリート基礎により木箱はわずかに浮かんでいる。高床式のおかげで軽やかだ

　この家のコンセプトは、建築要素を限りなく絞り込み、豊かな材料を組み合わせることで落ち着いた屋内空間を生み出すというものだ。外壁はくすんだ灰褐色に変色しているが、室内の壁は赤みがかった暖かい色合いを出しているのが特徴的だ。

昼下がり、たっぷりと陽光を浴びながら、
安楽椅子に身をゆだねて読書にふける。
まさしく至福のひととき……

大きな吹き抜けに面したベッドルームは間仕切りのないオープン仕様。前面の大窓からは眼前に広がる原始の自然を一望できる

なんとも居心地のいい「ボックス・ハウス」だが、室内の中心に吹き抜けのリビングを設け、周りの風景と一体になった空間が心にくいほどに余裕がある。

1階の折り畳み式ガラスドアを開けると前方の傾斜にデッキが延びていて、一歩踏み出せば、視界いっぱいに広大な丘陵を見渡すことができる。

ここでの日常の暮らしが非日常のキャンプ生活のように感じられるのは、シンプルかつ開放的なデザインのおかげだ。梯子をたどって登る階上にしつらえた寝室、ベッドに横たわれば大きな窓のスクリーンに眺望が……。そばには予備のキッチンも設置されている。

屋根から集めた雨水を集め、3000リットルのタンクに貯蔵される。その水は食器洗いや風呂にも使用されるが、大釜のバスタブが設けられた屋外の浴室は離れのようだ。

やがて太陽光パネルを取り付けて、温水ヒーターや小型家電、照明に電力を供給する計画も着々と進んでいる。

煙突ハウス

Arado Weehouse

アメリカ、ウィスコンシン州

草原にぽつんと建てられた小さな家。
潜望鏡みたいな煙突が愛らしい

ストーブを中心に据えて

無駄なものをすべて削ぎ落とせば、家はこんな格好になるかもしれない。効率的な暮らしをつきつめて設計された可愛いプレハブ住宅である。

アルケミー・アーキテクツのジェフリー・ワーナーは、ありきたりで愉しみに欠ける郊外住宅やマンションが多いことに異を唱え、こんなタイニー・ハウスを発表した。

製作したウィスコンシン州の〈WEEHOUSE〉社は、モダンなデザインをもつ省エネ性の高い家づくりをめざし、1棟だけでなく2棟組み合わせのバリエーションも用意している。

建材廃棄物を少しでも減らすため、現場から離れた工場で製作され、道路規制により幅4m余にカットした建材を運び込み、基礎の上で簡単に組み立てられる構造になっている。まさに、より小さな家を造る実験場といっていい。

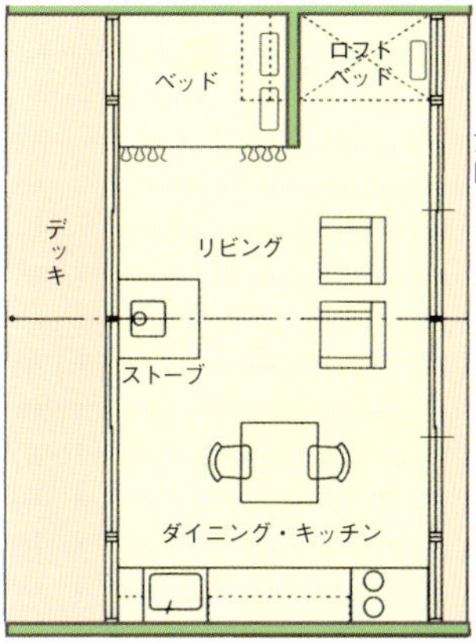

31㎡ 9.4坪

薪ストーブの奥にはカーテンで仕切られた可愛い寝室。そばのロフト風のエクストラベッドには梯子で……

コールテン鋼で造られた“箱家”の内装はすべてモミ材で統一されている。ただし、この家には電気はきていないし、バスルームもない。しかし、その優れたデザイン性と素材の良さによって居住性は充分にカバーされている。

収納はオーク材の棚とステンレス製のキャビネットのみ。両面いっぱいに取り付けられた床から天井までのガラス引戸によって、屋外に広がる眺望を借景として取り込んでいる。快適な小さな家の条件は、なんといってもロケーションにゆだねられている。

トイレの円形ミラーは
二面鏡で使いやすい

茶褐色のコールテン鋼（耐候性鋼）を用いた外壁は無塗装で使用できるためメンテナンスフリー

二人用の小さな食卓。壁面に設えたキッチンと、ランダムな収納棚の気品漂うバランス。オーク材とステンレスのコンビネーションも絶妙

筏《いかだ》の家

Floating Eco Lodge

ペルー、アマゾン・ヤラパ川

ヤシ材で編まれた段屋根にあわせて設けた三連の排煙庇。直射日光を遮りながら柔らかい光を取り込み、同時に室内にたまった熱気を排除する

30㎡ 9.1坪

1999年の夏、アメリカのカトリック大学の学生たちが「スプリット・デザイン・プログラム」に参加するため、アマゾンの熱帯雨林へと旅立った。生態系や原住民が暮らす家を調査するために。そこでアマゾンのヤクママ・ロッジから依頼を受けて造りあげたのが、この“FLOATING ECO LODGE”である。

天井面に反射して舟内に光が溜まる。船端のベンチに腰掛けながら堪能できるパノラマビューは圧巻だ

ペルーのイキトスから120キロ西方を流れるアマゾン川上流のヤラパ川流域は、自然保護や文化財保護に力を入れているリゾート地である。筏の家は、近辺で調達した材料を用いてわずか8日間の作業で完成し、進水した。

強く堅い木材によって造られた家屋が、水に浮かぶバルサ材の筏の上に乗せられている。その椰子や棕櫚《しゅろ》の葉で編んだ屋根には、原住民ヤラパ・インディアンの技術を導入し、葺《ふ》き材に金属板を組み合せている。

優雅なラインを描く曲面屋根のおかげで、熱帯の直射日光を遮断しながらも、舷《ふなばた》と軒先の間から取り込んだ間接的な明りを屋内に充たしている。

ワイヤーで吊られた大きな「ロッキング・ベッド」。上部の天窓からシーツ上に柔らかな拡散光が降り注ぐ仕掛けだ

ドアの取手にも学生たちの趣向が。暖かさを感じる素朴なデザインだ

天井を見上げれば、換気を兼ねた3層の排煙廂まで付けられている。

舷をかたどった細長いベンチ、木製の小さなテーブル、そして中央にでんと据えられたベッド。よく見ると、揺りかごのように支柱から吊られたハンガーベッドだ。ゆらゆらと揺れながら川下りを楽しもうという趣向なのか、すべて学生たちの手による夢と冒険の家である。

トランク・ルーム

The House in A Suitcase　スペイン、バルセロナ

タイニー・ハウス用の家具

この間取りはマルセル・デュシャンの作品『トランクの中の箱(Boite-en-valise)』（自作をミニチュアにしてトランクに収めたもの）や、旅行者がクローゼットのように持ち運ぶルイ・ヴィトンの旅行カバンからヒントを得たもの。

生活空間をとことんコンパクトにすることに挑戦し、こんな家具の組み合せで、狭い室内を有効活用し、かつ楽しい空間にしている。

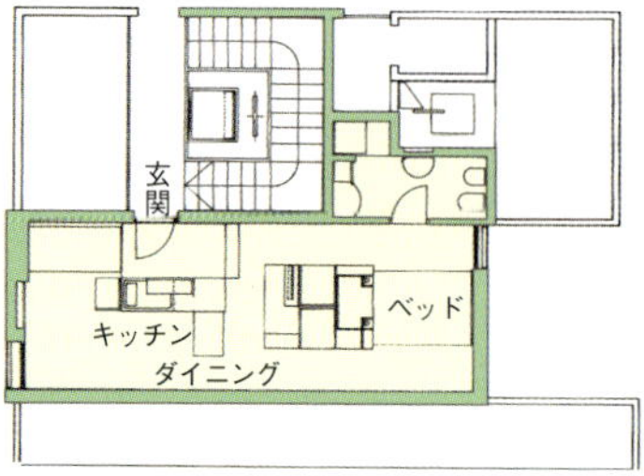

27㎡　8.2坪

シンプルな家具の組み合せで成り立つ空間は舞台装置のようだ

引き出しをあけると、ダブルベッドが……

この住まいはバルセロナのとあるアパートの最上階にある。規格の一室を、このような仕様にすることで、来客も迎え入れられる部屋にした。

すべての家具・調度品をベニヤの箱に収納するという発想——。長さ2m、幅1.7m、高さ1.2mの“キッチン箱”で、シンクや冷蔵庫、調理台などをすっぽり被ってしまい、必要なときに食器やテーブルが引き出せるという仕掛けだ。さらに大きな木箱にはダブルベッドも収まるし、クローゼットのドアはパーテションにもなり、生活小物もすべて仕舞い込んだいわば“家具の家”である。

キッチンのワークトップから天板を引き出すダイニングテーブル。2人暮らしなら十分な空間

キノコの家

Woodland Cabine

ベルギー、フランダース

森のなかの一軒家

ベルギーの建築家ポール・ロブリックとヒルデ・ディーンが設計したこの家は、森のなかを流れるせせらぎの畔にひっそりと佇み、おとぎ話に出てきそうな雰囲気を漂わせている。

外観はログハウス風だが、ベルギーで昔から親しまれているコミック『スマーフ・ビレッジ』に登場する家をイメージして造ったという。

丸い壁は2つの円が重なる輪郭をなぞって、ピーナッツの殻のようなラインを描いている。その壁にふたをしたような陸屋根の上には落葉が降り積もり、森の地面と馴染んで、雑木林に生えた大きな茸《きのこ》のようだ。その上に可愛い煙突が突き出ている。

背後に回ると建物が床から浮いているのがわかる。陸屋根の頂部に覗く煙突が愛らしい

“ピーナッツの殻”の中央にはシンプルな薪《まき》ストーブがでんと据えられている。それを境に、一方の殻には明るい憩《いこ》いの間が、もう一方の殻には壇状のベッドが設けられ、思いのほか室内はゆとりある空間になっている。さすがに料理と入浴は別棟になるけれど。

木の素材を存分に生かしたこの家を際立たせているのは、高い施工技術にほかならない。とりわけ角材を煉瓦のように積み重ね、凹凸の表面を強調した丸い壁は面白い。小屋の外周に沿って木材を巧みに噛み合わせながら、美しい弧を描きだしている。

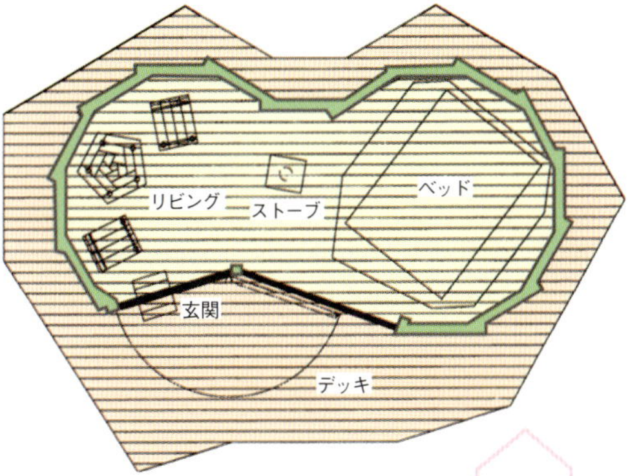

27㎡ 8.2坪

無垢の木片を煉瓦のように積み上げた壁がそのまま室内に現れている。小上がりに腰かければ語らいの場になるだろう

林立する雑木林の足元に同化する小さな小屋はまさしく隠れ家だ

インテリア調のこの壁は中心部がくびれて細くなるが、それによって区切られた二つの空間が奥行きのあるものに感じられる。

床から天井までのガラス引戸と大窓からは、小川の水面と雑木林の広がりが見渡せる。小さな木橋を渡って入るというアプローチも、この“隠れ家”の一つの趣向である。

デッキテラス越しに雑木林を眺め、
耳をすませば小鳥のさえずり……

川面に反射したやわらかい光
が外壁を照らして幻想的だ

南側の地面には太陽光パネルが敷き詰められている

ワゴンハウス

Minihome Solo

カナダ、トロント

車輪の付いた移動式住宅

湖に恵まれたカナダの建築家が設計したこのモダンな小さな家は、いかに周辺の自然に溶け込ませるかをテーマに、コンテナを２つ繋いでトレーラー・ホームに改修したもの。

ロフトのようなこの家をこしらえるため、３つ車輪をもつ半永久的に使えるスチール製コンテナを選び、各部に最新の耐久性に優れた素材を用いている。自給自足の生活に最適なプレハブ住宅だが、これは旅のできるワゴンともなる。

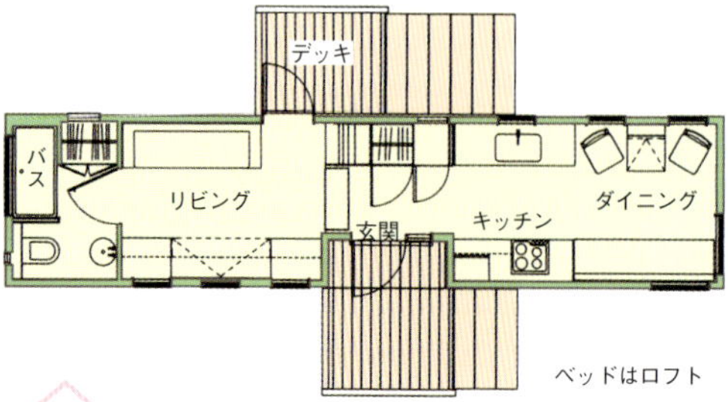

ベッドはロフト

25㎡ 7.6坪

水辺に据えられたトレーラーハウス。
カラフルな外観が周辺の緑とうまく
調和している

紺色のソファベッドの脇に設えた書棚は、
ロフトの寝室へ上がる階段も兼ねている

淡い水色とブラックのコンビネーションが新鮮なコンパクト・キッチン

ロフトいっぱいに敷きつめたジャイアントベッド。
傾斜天井に反射する明りが癒しの空間をつくる

取り外し可能な連結器が付いているので、田舎でも都会でも好きな所に引っ張って行くことができ、バッテリーや移動走行時のライトまでが装備されている。

この“動かせる家”はエコハウスの一つのモデルとしてつくられた。

サイズが小さく断熱性にも優れているため、電気の負荷が少なく、冷暖房もエアコンに頼らなくてもいい。

冬でも陽光がいっぱい取り込め、換気性能も高い。太陽光を集熱できる窓をできるだけ設け、玄関ドア上部のアルミ庇には太陽光パネルを設置することで、照明や家電製品を使用するに十分なエネルギーもつくりだせるのだ。

朝靄のなかにうずくまり、この地に棲みついた小動物のようだ。ロフトではまだファミリーが眠っている

　この家を考案したサスティン・デザイン・スタジオは、電圧をさらに上げるために５ｍ足らずのアンテナに取り付ける400ワットの風力タービンを提案した。設計者によると、この家では平均的な住宅で使われる電気消費量の約100分の１しか電力を要しないというからまさしく優れ物だ。

　また、陸屋根のところどころに配した“緑化”は直接的な効力は奏しないもの、環境保護のメッセージは十分に伝わってくる。

エントランス・ステップに腰掛ける母子
は移動生活を心から楽しんでいるようだ

こぶたの家

S(ch)austall

ドイツ、ファルツ

みごとに変身した石造りの家

この家にはドイツ人の洒落《しゃれ》ごころが詰まっている。建築事務所「FNPアーキテクツ」の傑作といっていいだろう。

一見、古めかしいお屋敷ようだが、元をただせば「豚小屋」だった。その名残りが正面の床レベルにある横軸回転式の開口部——かつて豚たちが出入りした戸口である。その豚小屋を、こんな姿に改造してしまったのだ。

建物そのものは18世紀の石造りの小屋だが、第二次世界大戦で損傷を負い、長年にわたり修繕されながら使用されてきた。一度も建て直されなかったのは、新たに建造する予算もなく厳しい建築規制、敷地の制限もあったからだ。

そこで建築家は考えた。たんなる改修ではなく、この300年前から手つかずの石造りを生かすにはどうすればいいかと……。

そして、歴史の刻まれた風情《ふぜい》ある外観をそのままに、まずは簡素な新しい金属屋根をかぶせ、今にも倒壊しそうな建物の内側に木製の骨組みをはめ込む改修にとりかかった。

内部から柔らかい明かりが漏れるエントランス

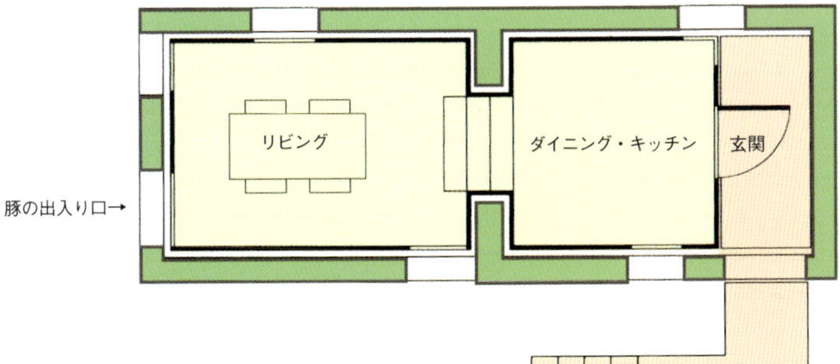

正面右の戸口からかつて豚が出入りした。金属性のシャープな切妻屋根をかぶせ、新たに窓枠をはめ込むことで、建物は生命の息吹を取り戻し、アートへと生まれ変わる

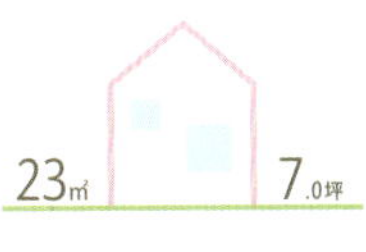

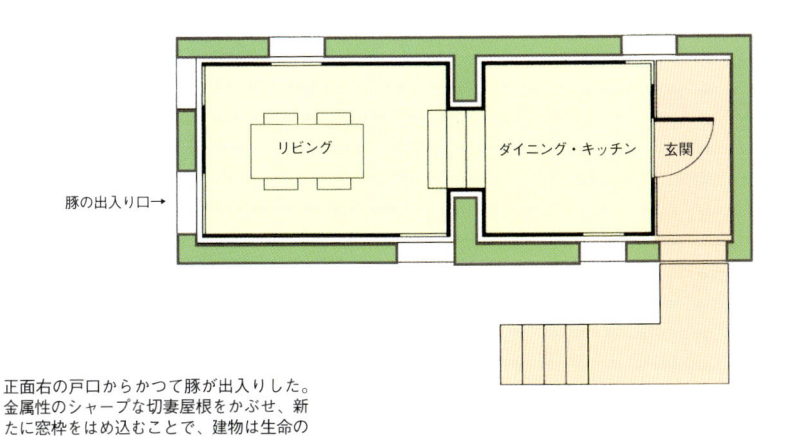

かつての豚小屋を彷彿させる小ぶりな窓が、妙にキュートに見える。外壁から屋根が浮いていることで小屋の愛らしさが生じている

風化した石積みの壁とは対照的に、内装は質素なラーチ合板でシンプルに仕上げられ、ギャラリーのようだ

建築家は、家の中に“新たな家”を挿入することに成功した。思惑どおり、内と外の絶妙なコントラストが生まれた。

そこから不思議なハーモニーが醸《かも》しだされ、家の奥から心地いい音楽でも聴こえてきそうである。

室内に張られた合板はけっして高価なものではないが、オレンジがかった照明が石壁の窓から洩れ出て、つい暖かそうな室内へ誘われそうである。

元の窓をそのまま生かしているが、フレームはシャープなラインを出し、廃墟風の外壁とあえて対比させている。

それにしても、豚小屋がこんな洒落《しゃれ》た家になろうとは……。つい“三匹のこぶた”の家を連想してしまう。タイニー・ハウスの可能性を大いに広げてくれる逸品といっていい。

石段を上がって、昔の裏口を玄関にしている

額縁のない窓で景色がトリミングされる。天窓からの採光が温もりのある明りをもたらす。スイッチやコンセント、照明のさりげないデザインもいい

石の壁の内側にもう一つ木造の壁を建てたリノベーション。家の中にもう一つの家を挿入する「ハウス・イン・ハウス」の発想だ

鬱蒼と茂る森の中に潜むように……。灯る明かりが廃墟ではないことを物語っている

パズルハウス

Puzzle House

スペイン、セビリア

一人用の桟敷席で旅人が街路を
見下ろして物思いに耽っている

張り紙や落書きで埋め尽くされた塀は
街の掲示板だが、家の目隠しにも……

家づくりパフォーマンス

スペイン南部のセビリアにあるサンチャゴ・セルセダで活躍する建築家レセタス・ウルバナは、都市住宅の一つの解決案としてこのパズル・ハウスを設計した。

この家にはきわめてが戦略的な主張がこめられていた。セビリアの旧市街で有効に利用されていない空地に目をつけ、物議をかもすのを覚悟のうえで可笑《おか》しな家を建てたのだ。

ラミーナ広場の一角、３階建て家屋に挟まれた空き地に一か月限定で建てられた仮設の小住宅は、家とアートをテーマに建築条例を巧みにかいくぐり、なんとか建築許可を得た代物だった。地方自治体の条例をクリアするには、まずこのプレハブが移動できるものでなければならなかった。つまり一時的な「家のオブジェ」とみなされるほか、ここに建てられる理由はなかった。

鮮やかな黄の柱脚により、基礎部は既存のコンクリート塀の高さを越えて持ち上げられ、なんだかロボットが塀の中から外を覗いているような感じだ。

23㎡ 7.0坪

壁面後退線が揃っていないため、周囲の建物からは
浮いている。よって展示アートとしては成功だろう

塀の片隅に開けられた入口をくぐると、梯子の階段。その上に軽量パネルで覆われたミニハウスが搭載されている。

なんといっても象徴的なシンボルは、黄色い小さなバルコニーだろう。そこに立てば通りをすべて見通すことができるが、すべての通行人の目にもとまることになる。その手すりにいたっては、さながら工事現場の柵や警察のバリケードのようだ。

このパズル・ハウスが公共の場に誕生したとき、バルコニーで演奏会が行われたという。それはリサイクルされた住宅が、公共の舞台として認められた証《あか》しであろう。

夜ともなれば、街灯に照らされて黄金色に輝く艶やかな姿に

夜が明ければ、周りの建物の間に身を潜める小さな小さな家

斜面の山荘

Snowboarders Cottage

チェコ共和国

雪山の斜面にへばりつく黒い山小屋は、雪の中からむくむくと出てきたようにも見える。
背面には窓もなく倉庫のようだが、二段方流れ屋根の上にのぞく煙突が可愛らしい

雪面にそろえて設えたデッキテラス。
ベンチで飲むコーヒーは格別！

新しい山荘のスタイル

国立公園のスキー場の麓に建てられたこの「スノーボード・コテージ」は、伝統的なチェコの山荘をかたどった新しいタイプの山小屋である。今では伝統的な山荘は姿を消しつつあるが、建築家イワン・クラウパは周辺の風景に似合う新しい構造にその地の素材を取り込むことこそ伝統的スタイルを受け継ぐ手法と常々考えていた。

白い雪のなかにひっそりと建つ黒いシンプルなフォルムは、雪山の風景によく馴染んでいる。

下り傾斜に面した北側の壁面は、加工されたスプルースの厚板で覆われ、スキーヤーやスノーボーダーたちを頂上へ搬送するゴンドラの発着場に臨んでいる。またプライバシーを守り、谷から吹き上げる強風に備え、北面に窓は設けていない。

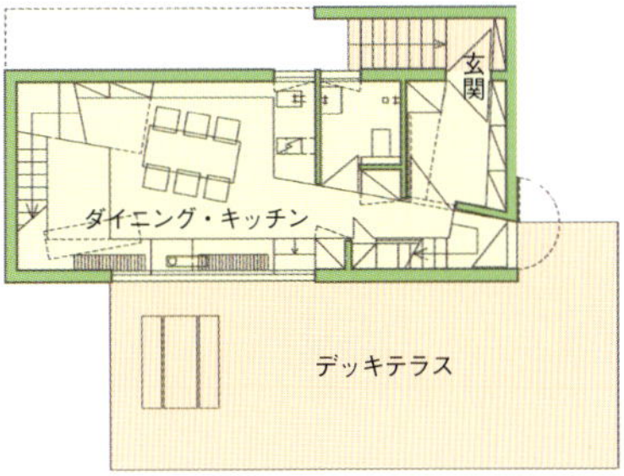

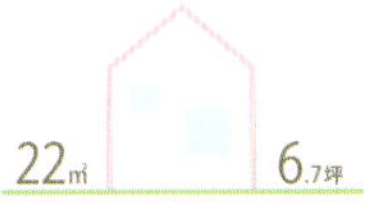

スプルースの厚板で内装されたキッチンコーナーは天井も高く、広々として使いやすそう。休憩室とはスロープでつながっている

夏には緑の芝生とチタン張りの
黒い壁が美しいコントラストを

いっぽう上り斜面側の南面壁にはチタン板が施され、大きな窓が２つ開けられ、デッキテラス越しにゲレンデを見渡すことができる。12.8㎡もあるデッキテラスは、屋内のメイン空間よりも広く、冬も夏もこのスペースで快適に過ごせる。

スプルースの厚板によって覆われたコンパクトな室内は、さながら船内にいるようだ。二階建ての空間は、暖炉を中心に構成されている。ベニヤ板で仕切られたスノーボーダーたちの休憩室にも暖炉が設けられ、その暖気はスロープを伝って下のキッチン・コーナーにも流れて乾燥させる仕掛けになっている。

チタン鋼鈑立てハゼ葺きで
仕上げたマットな外壁には
美しい陰影が写し出される

ボックス・ホーム

Boxhome

ノルウェー、オスロ

十字架のようなスリット窓はどこか教会を思わす。外からは内部の様子がうかがいとれない

奇抜な外観の中は……？

オスロの街の片隅に、こんな奇妙な形をした家がある。建築家と芸術家のコラボで造られたもので、いま郊外に増えつつある大きなプレハブ住宅に対する批判の意が込められている。

長く厳しい北欧の冬、大きな住宅では多大な光熱費と暖房用資源が消費される。が、このわずか19㎡の小さな家では、冬期の暖房費をかなり軽減でき、間口5.5mの南面に設けられた窓からは陽光が燦々《さんさん》と入り込む。

さて、その室内はどのようになっているか？

鈍く光る銀の箱の背後に古式ゆかしいタウンハウス

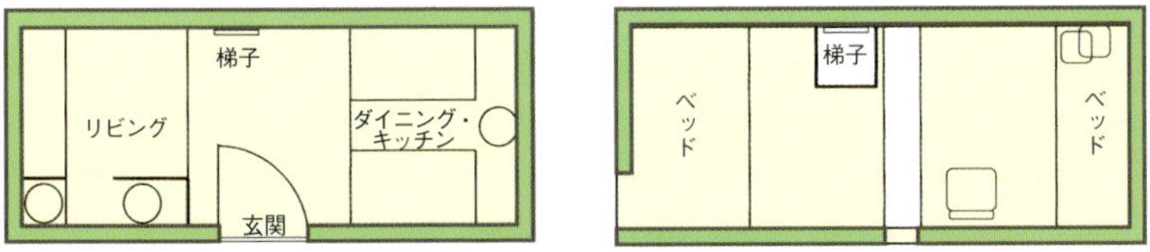

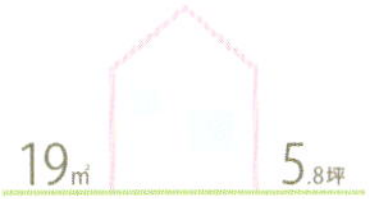

でんと置かれたようなこの家は
一見、街の小さな美術館のよう

中に入ると一転する。天窓から差し込む光が黒く染色した杉板に深いグラデーションを生む。イームズの椅子もお似合いだ

光と影の妙！　ここは昼寝には最適だろう

奇抜な金属外観と木造りの室内のコントラストが冴《さ》えている。

小さな室内にはダイニング・キッチン、バスルーム、リビング、寝室の４つの機能が備わり、住まいの条件をちゃんと満たしている。

正面のアルミの高窓から射し込む自然光が、壁と床のイトスギ、バーチ、オークなどの無《む》垢《く》材に美しい陰影をつくりだす。

オスロのような寒冷地でこんな温もりのあるタイニー・ハウスが造れるのは、木目も美しい板材から放たれる天然の生気のおかげだろう。

小さな家で快適に暮らしたい――その夢を叶《かな》えてくれるクオリティの高い狭小住宅がまた一つ誕生した。

デッキハウス

Summer House

ノルウェー、ハダンゲルフィヨルド

床～壁～天井にかけてアール
をつけたキャタピラの形状

白夜を愉しむ夏の別荘

この夏の家は70mの高台から、ノルウェーでも屈指の美しいハダンゲルフィヨルドの海を見下ろしている。原始のままの自然のなかに、野外舞台のように延びるデッキと可愛い小屋……。自生の木をうまく取り込みつつ、浮遊感を漂わせている。

原始の木をそのままに穴をあけたデッキ

なによりロケーションが素晴しい。すぐ後ろには落差30mの滝があり、その水は森林を貫く小川へと流れ込んでいるため、この人里離れた一軒家を訪れるときは石造りの古い橋を渡ることになる。そして、ひとたび敷地内に入れば、眼前に雄大で幻想的な景色が広がっているのだ。

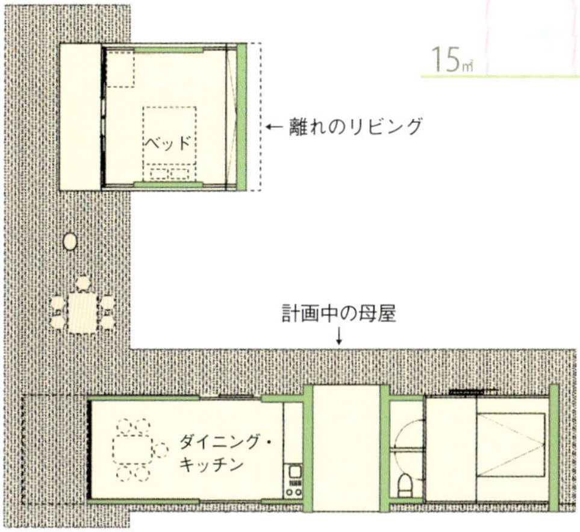

建築家の企みはウッドデッキ造りから始まり、まずこの“離れ”のリビングをこしらえた。平面図のように、やがてデッキは回廊のようにL字型に延ばされ、そこにダイニング・キッチンと寝室、バスルーム、子供部屋も作りたいという。

離れの壁面は床～壁～天井へとコの字型にゆるやかなカーブを描いて連続しており、壁の中には新聞紙の再生断熱材が施されている。

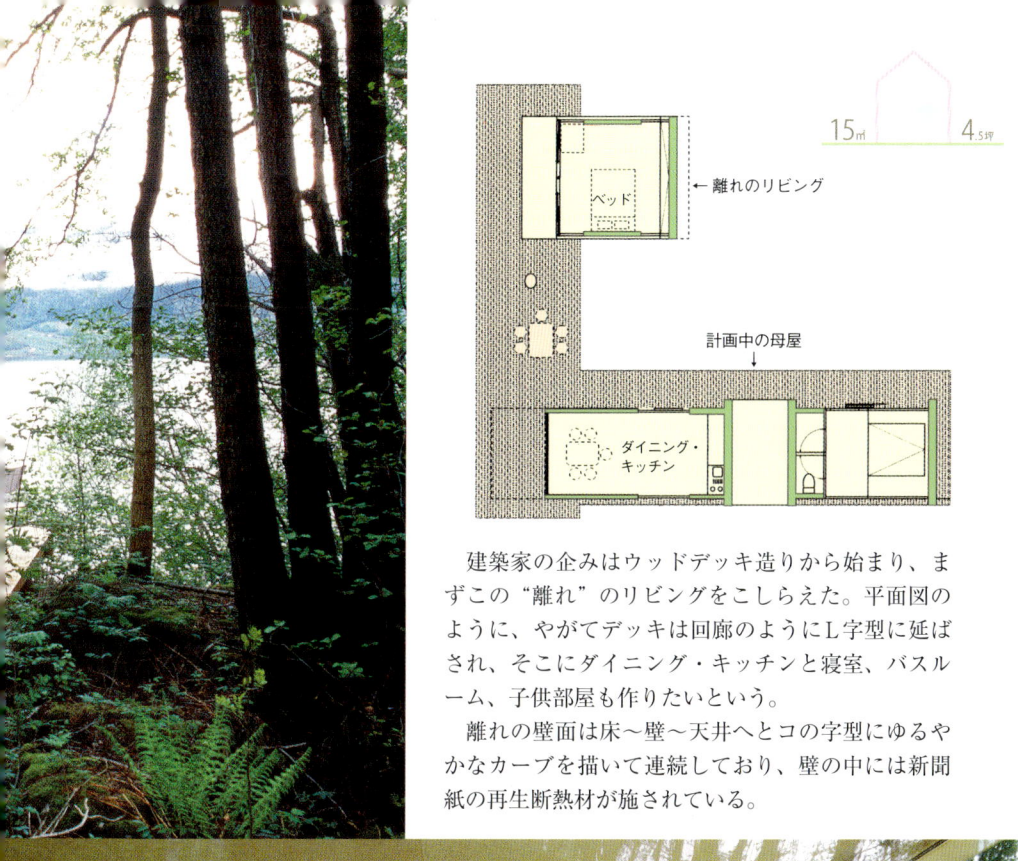

大きなガラス窓が、みごとなフィヨルドの眺望を絵のように映しとる。白夜の夏、20時間もの日照時間をいかに愉しくこの家で過ごすか……。そこで建築家はゆったりと寛《くつろ》げるこんな“アウトドア・リビング”を考案した。さながら海に向かって延びる桟橋《さんばし》のようだ。床を貫く自生の木が、自然のなかに敷かれた廊下を思わせ、暮らしの空間を無限に広げている。

支柱によって地面から浮き上がらせた桟橋状のデッキテラス。広々とした二段ステップから望むパノラマ……抜群のロケーションだ

自動車か、はたまた家か？
下見板張りと可愛い小窓の
組み合せがチャーミング！

ミニカーハウス

Weebee House

アメリカ、カリフォルニア州

パイン材のカップボードが造り
付けられたコンパクト・キッチン

夢の詰まった宝箱

家に車輪が付いていたら、どこへでも……。その発想を形にしたのが「Weebee House」だ。

タンブルウィード・タイニーハウス社がこしらえた動く小さな家。J・シェイファーが設立した同社では、トレーラーに載せて現場へ運べる組立式住宅やセルフビルドで造る家を販売している。

その面白いアイデアは冒険心に富み、環境にやさしいエコロジーを追及しつつ、より豊かなシンプルライフを追究している。

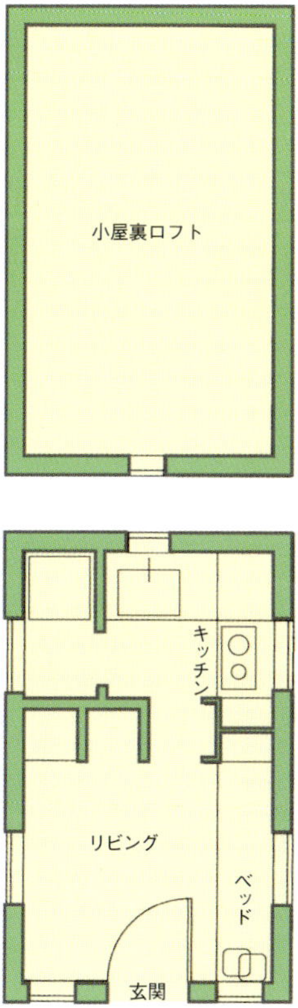

玄関脇の小さなソファベンチが心地よさそう。床には日本のゴザが

家のタイプは８つあり、うち５つは9.3㎡タイプ。社主シェイファーは自ら設計したさらに小さい９㎡タイプに住んでいる。

各タイプともできるだけ無駄なものを省き、収納スペースを確保している。とはいえ、パイン材で仕上げた室内にはキッチン、リビング、ソファベッド、バス、書棚と机、そして家電製品までもがちゃんと備わっている。

おまけに、とんがり屋根の中は小屋裏ロフトという仕掛けだ。そこへは梯子《はしご》をつかんで昇るのだが……。

さらに、プロパンガスによる床暖房まで標準装備され、外部電源から充電できるバッテリーまで積んでいる。これをソーラーシステムに切り替えることも可能だという。

どこへでも持って行けるこの“ハンディ・ハウス”は、
夢のいっぱい詰まった宝箱のようである。

マンサード屋根に開けた高窓、明るい色調のパイン材の内装……狭い空間を広く見せる工夫が随所に。小物もアルミでシンプルに統一されている

黄昏どき、室内に明かりが灯り、夕闇のなかに小屋が溶け込む美しい時を迎える

本や趣味の小物、洋服などを効率よく収納できるようにスリムな棚が造り付けられている。書棚もキャビネットもすべてパイン材

水辺の小屋

Watershed アメリカ、オレゴン州

門型のスチールフレームによって地面から浮かし、天井はフラットルーフだけ

野生動物と共生する小屋

自然観察をテーマとする作家のアトリエ「Watershed」は、ウィラメット渓谷を流れるメソウ川沿いの湿原にぽつんと置かれている。周辺水域に棲む生き物の生態系を観察するために。

建築家エリン・ムーアはそれに適した小屋の設計を求められた。屋根にしとしと降る小雨の音を聞き取れるような敏感な家を。

周辺には道もなければ、電気・水道もなし。小屋の壁はスギ材で囲っただけで、ベースは四隅に配したコンクリートの礎石にスチール製の骨組みを載せたシンプルな構造である。雨音が聞き分けられる屋根は天井のスチール枠に取り付けてある。

シンプルな嵌め殺し窓の前で身をひそめ、生態系をゆったり観察

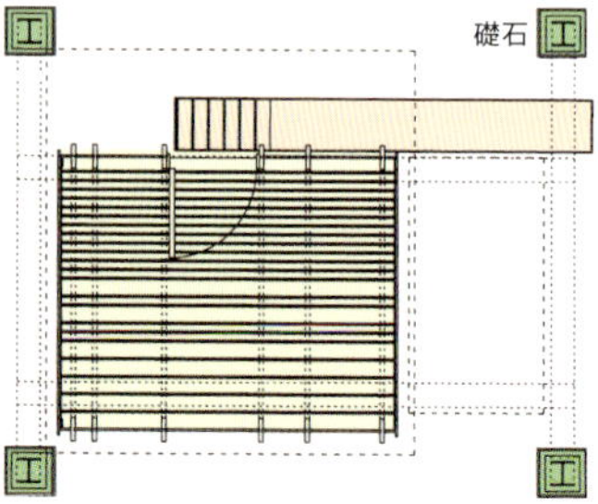

9㎡　2.7坪

本や資料はすべて上部の棚へ

小さなベッドを持ち込めば住めそうだ

両サイドに観察用の窓が開けられ、デスクが据えてあるだけなので、すぐに畳んで移動できる仕組みである。

小屋のそばの雨水を溜めた水桶には、鳥や鹿などの動物たちが水を飲みにやってくる。床下にはしばしば爬虫類や両生類がもぐり込むので、ガラス張りの床窓を覗いて観察できるという。

ピカピカに窓ガラスを磨く主の作家。
観察には欠かせない日課だ

オモチャ箱の家

Walden ドイツ

こんな農家があれば……

「家というものは、私産としては大き過ぎる。その中に住んでいると、安住の場というより、しばしば監禁されているような気がする」

アメリカの思想家ヘンリー・デヴィッド・ソローはその著『ウォルデン(Walden)』にそうに記している。1854年作の古典にちなみこの家に「ウォルデン」と名付けたドイツの建築家ニルス・ホルガー・モーマンは、「家とは、内部空間のない倉庫にすぎない」とも言っている。

一見、公園の芝生に置き忘れられたオモチャのような家である。

絵本にでも出てきそうな佇《たたず》まい、遊び心いっぱいの斬新なモバイルハウス（移動式住宅）である。

変形窓で壁を切り抜き
斬新な発想で生まれた
遊び心満点の家

この細長い木箱の家は、高さ3.8m、長さ6.4m、幅1m。ラーチ材とバーチ材の合板を張り合わせて造られている。

なんといっても目を引くのは、その壁に開けられた窓だ。壁面にランダムに開けられた窓は、ショーウィンドみたいだが、その中に飾られた陳列品がまた面白い。

スコップや植木ばさみ、じょうごなどの農機具をはじめ、大工道具、キッチン道具、ストーブの薪《まき》までが美術品のごとく展示してある。斜めに切られた窓は梯子《はしご》階段に合わせたものだ。大きな鍋もぶら下げてあったりして、さしずめ“ギャラリー物置小屋”である。

大木の元に据えれば、これも一つのツリーハウス。どこへ建てても楽しい雰囲気をかもしだすフシギな家

スライド式のサンルームには備え付けの梯子で昇る。フルオープンにすれば、自分だけの空を満喫できる

梯子の勾配に沿って平行四辺形に切り取られた外壁

ガーデニングを趣味とする人にとってはたまらない“農家”だが、窓の陳列品を変えれば、素敵なブティックやカフェにもなりそうだ。

狭い室内にはシャベルや熊手、一輪車なども収納されているが、建築家はソローに敬意を表して書斎まで設けている。

さらに仕掛けがある。急な梯子階段を登って２階へ上がれば、一人で寝るには充分の細長いソファベッドが敷かれてある。

おまけにスライド式のサンルーフだから、雨風がしのげるコックピットになる。「夜、床について星や月を眺めるなら、サンルーフは開けておいたほうがいいだろう」と建築家は付け加えている。

細長い木箱をくり抜き、その中にさまざまな道具が展示されている。
家の概念を打ち破ったアートとして捉えたいモバイルハウスだ

カーテン付きボックスシートに座れば、１等列車の車窓から……の気分に

清流のほとりでサイコロ型の家が自然とみごとに調和

マイクロホーム

Micro Compact Home　イギリス、ロンドン

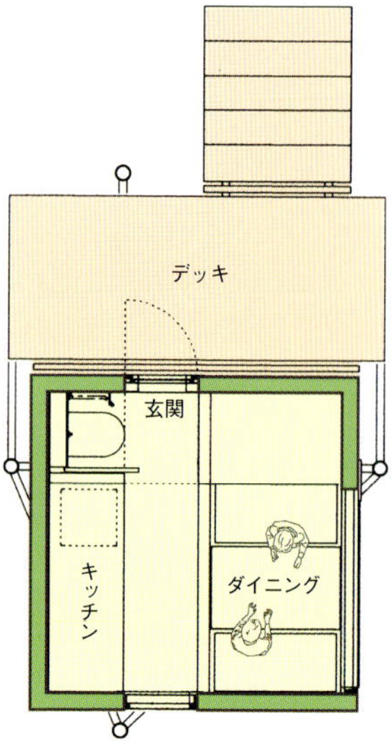

サイコロ型のモバイルハウス

空から舞い降りてきたように、立方体の家が川岸で銀色の輝きを発している。実際、小型トラックやヘリコプターでも搬送できる頑丈な移動式住宅である。

ロンドンで活躍する3人の建築家リチャード・ホールデン、リディア・ハーク、ジョン・ホフナーは、この家の構造とデザインを詰めるにあたり東京工業大学と共同研究しているミュンヘン工科大学の研究スタッフやデザイナーとチームを組んだ。設計するうえで彼らが参考にしたのは、宇宙船やヨット、自動車、日本の茶室などの小空間だ。

小型車とさして変わらない大きさ！
軽量化と高い居住性を追究した傑作

重量は2.2トンと軽量で、各面2.66mの立方体の中に生活必需品が備わっている。ベットが２つ、５人用ダイニングテーブル、シャワー、トイレ、そしてテレビが２台。一見、スチール造の住宅みたいだが、主体構造は木造。錆《さび》止めのアルマイト処理を施したアルミパネルで覆われ、断熱材にはウレタンを用いている。自立した家として太陽電池やソーラータービンなども搭載し、環境に配慮して外壁から接合部に至るまで、すべてがリサイクル可能な部品となっている。

こたつ風テーブルと川辺の風景を切り取る大窓。上部ロフトにベッドを配し、狭くは感じない

7㎡　2.1坪

まっぷたつの家

Little Houses on the Black River

スウェーデン、ヘッレフォーシュ

橋の上に建てられた3棟の小さな家が
程良い距離感を保って共存している。
人力で押して移動すれば、家どうし
の関係性に変化が生まれる仕組みだ

2つの方流れ屋根の家がぴたりと合い、1つの切妻屋根の家ができあがる。形は同じだが、外壁や窓のデザインが異なるため、面白い効果が生まれている

橋上のレールに乗せて……

この実験的な家は、ニューヨークのパーソンズ美術大学やフランスの聖エティエンヌ美術大学、ストックホルムのコンストファック美術工芸大学の学生たちが、1年間の共同プロジェクトで造りあげたものである。

可笑しなことに、この移動可能な家たちはブラックリバーに架かる鉄道橋のレールに乗っている。しかも、ハーフサイズの家を電車のように動かして一つに合体できる仕組みに！

それでも街の遺産である橋の上で、スウェーデンの伝統的な建築様式にのっとり、建材はすべて地場の木材を用いている。

この住宅は地元のデザイン・ミュージアムやアート財団「フォーメンズ・フス」からアーティストを招いて創作活動ができるアトリエ兼用住宅（アーティスト・イン・レジデンス）として設計された。

室内のリビングや寝室ユニットも学生たちがデザインし、随所に工夫を凝《こ》らした面白いアイデアが盛り込まれている。

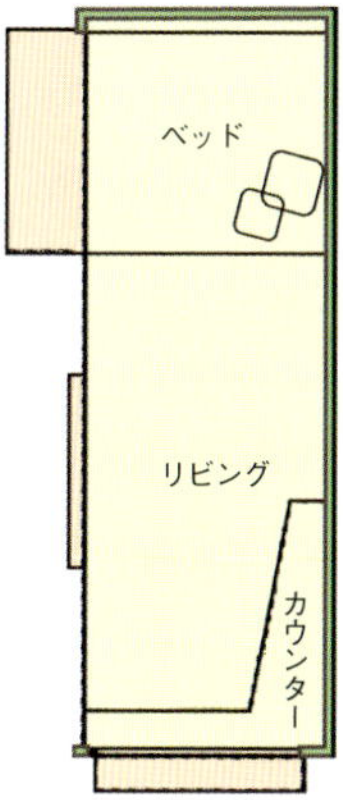

2つに別れる家は、その位置関係によって視線や風の抜け、光の取り込みようが変化し、バラエティに富んだ室内構成になる。
妻側（正面）も左右でデザインが違う。一方には、全開できる大きな上げ下げ窓が取り付けられている（左）。もう一方の壁板はコンピュータ・グラフィックスによってパンチング加工され、開いた穴に照明を固定したり、装飾品やハンガーを掛けられる。

小上がりの広々としたベッドから橋上の眺めを堪能できる。下のキャスター付き家具で収納も十分

パーソンズ美術大学の学生ロバート・カークブライドの設計による“半分に分離する家”は、思いのほか実用的で、寝心地のよさそうなベッドと、キッチン、浴室まで備わっている。

夏は景色のいい橋上にいて、ときに小屋をずらして風を通す。寒さの厳しい冬はレールに乗って移動し、暖房燃料を補給するため給油所へ……。そんな願いを込めた北欧の夢の家である。

中央に設えたアイランド・キッチンでは、大勢で調理しながら食事をすることが可能。横軸回転窓がダイナミックな景色を切り取り、換気も促している

吹き抜け上部の高窓からの光が天井面に反射し、柔らかい拡散光となって室内を充たす。ハンガーやフックなど小物もすべて学生たちの手作り

コンパクト家具

Casulo

家具たちのタイニー・ハウス

ドイツのケルンで創作活動をするグラフィックデザイナー、マルセル・クリングスと家具職人セバスチャン・ミールホイジャーは、移動式住居用の優れ物の家具「カスロ（Casulo）」を考案した。

その梱包機能は、多忙な都市生活者の引越しに大いに役立つ。労力を飛躍的に軽減してくれ、小さな家の限られた空間を有効に生かすマジック的な収納力を秘めているからだ。

なにしろ10分で生活道具をまとめることができ、運搬も簡単だ。しかも、折り畳めばフランスの小型車ルノー・カングーの小さなトランクにもすっぽり納まるほどコンパクトである。

このユニットには洋服箪笥やデスク、テーブル、キャビネットと椅子、2つのスツール、シングルベットとマットレス、本棚まで含まれていて、すぐにでもアパート暮らしがスタートできる準備が整っている。

スツールとデスク、キャビネットなどは、組み立てると収容時の2倍の大きさに変身する。しかも机やテーブルのスチールフレームは、カスロを運搬する際のケースになるから、まさに一石二鳥である。

クロゼットや本棚などは見た目もシンプルで美しいデザイン

ちなみに、シングルベッドはヨーロピアン・タイプと同サイズだから大きさも充分である。

耐久性に優れ、運送費も節約できるため、学生や引っ越しの多い社会人にはうってつけである。引っ越しのたびに安っぽい使い捨ての家具を買い揃えることはないだろう。

カスロは家具業界におけるタイニー・ハウスといっていい。

統一されたデザインで一通りの生活道具が。
収納時はこの半分の荷物になるから驚きだ

ARCHITECTS 建築家一覧

（掲載順）

1. Lowerline Residence/Domestic Shed ： BILD Design
2. Snee-Oosh Cabin ： Zero Plus Architects
3. XS House ： UNI Architects
4. The Floating House ： Ronan and Erwan Bouroullec
5. Slot House ： noroof architects
6. Delta Shelter ： Olson Sundberg Kundig Allen Architects
7. Parasite Las Palmas ： Korteknie Stuhlmacher Architecten
8. Turbulence House ： Steven Holl Architects
9. Engawa House ： Tezuka Architects
10. Option House ： Bauart Architekten(for WeberHaus)
11. Casa Mar Azul ： BAK Arquitectos
12. POB 62 ： Counson Architectes
13. Lucky Drops ： Atelier Tekuto
14. Front To Back House ： Scape Architects
15. Sculp(IT) Headquarters ： sculp(IT)
16. Nomad Home ： Gerold Peham and hobby a.
17. M-House ： Michael Jantzen
18. Blue Sky Mod Prototype Cabin ： Todd Saunders
19. Box House ： Neeson Murcutt Architects
20. Arado Weehouse ： Alchemy Architects
21. Floating Eco Lodge ： Travis Price and Spirit of Place-Spirit of Design
22. The House in A Suitcase ： Eva Prats and Ricardo Flores with Frank Stahl
23. Woodland Cabine ： Robbrecht en Daem
24. Minihome Solo ： Sustain Design Studio
25. S(ch)austall ： FNP Architeckten
26. Puzzle House ： Recetas Urbanas
27. Snowboarders Cottage ： Ivan Kroupa Architects
28. Boxhome ： Sami Rintala, Dagur Eggertson, John Roger Holte, and Julian Fors
29. Summer House ： Todd Saunders and Tommie Wilhelmsen
30. Weebee House ： Tumbleweed Tiny House Company
31. Watershed ： Float architectural research and design
32. Walden ： Nils Holger Moormann
33. Micro Compact Home ： Horden Cherry Lee Architects Haack+Hopfner Architekten
34. Little Houses on the Black River ： Parsons/Konstfack University/St.Etienne School
35. Casulo ： Marcel Krings and Sebastian Muhlhauser

訳者あとがき

日本がバブル景気の頃、家のサイズは延床面積120㎡（36坪）を超える3LDなどが当たり前でしたが、人口が減少しつづける現在では60㎡（18坪）の1 LDKほどあれば十分だと30代カップルは口を揃えます。つまり、この20年間で家はハーフサイズに縮小されたわけですが、その傾向が日本だけにはとどまらないことは本書を見る限り明らかです。

世界中の建築家や建て主が、家の小ささを欠点として捉《とら》えるのではなく、地球環境に配慮しながら、自分らしく生きるための有効な手段として、極めてポジティブに捉えているのがお分かりになるでしょう。

たとえば、オランダのロッテルダムにあるビルの屋上に建てられた小さな「寄生する家」（p36）には、都市生活の新たな可能性に加えて、郊外の量産住宅に対する痛烈な批判が込められています。ベルギーのアントワープの下街に建てられた「ネオンの館」（p76）は、敷地の両隣に建つ既存ビルの外壁を利用して4枚の床板を架け、前面にガラスを嵌《は》めこむことで、思いのほか豊かな隙間生活が生まれています。都市のストックを可能な限り有効利用しようと試みる建築家の執念には脱帽せざるをえません。

一方、ドイツの郊外に建つ「こぶたの家」（p122）は石造りの古家の中に、ワンサイズ小さな木造家屋を挿入した、いわば「ハウス・イン・ハウス」。廃墟をスタイリッシュに蘇《よみがえ》らせたリノベーションの好例と言えます。また、移動式住宅の「オモチャ箱の家」（p152）は、さながら子供の脳内から飛び出したような自由な発想にあふれ、大人も童心に戻って楽しく過ごせる遊具のような家です。

いずれの家も質素でありながら洗練されたものばかりで、本書のキーワードでもある「節約」「再活用」「再利用」が、空間デザインの中にしっかりと生きています。サイズが小さくなることで、そのコンセプトが際立ち、楽しさや希望が家中にあふれだしているのがタイニー・ハウスの大きな特徴ではないでしょうか。

思い起こせば、日本国民にも4畳半の小さな茶室で世界を夢想し、茶の間で家族が肩を寄せ合いながら、井戸端会議で濃密なコミュニティーをつくりあげてきた歴史があります。

ところが、この40年で平均世帯数は4人から2.5人へと減少し、戦後の家族モデルはひとつの終わりを迎えています。もはや平均世帯数が2人を割り込むのは時間の問題で、高齢者や未婚者などの単世帯が全体の4割を占め、2人暮らしを加えると全体の6割を超えているのが現状です。

時代は「家族」から「個人」へと移行しています。消費生活を根本から見直し、タイニー・ハウスのような小空間で生活することで、家族に代わる新しい住まいのカタチを模索することは自然な流れです。

ただし、個人にも限界はあります。価値観の異なる者がモノや情報を互いにシェアしあい、限られた資源を活かしながら、「小ささ」や「少なさ」を人間の想像力や繋がりで補わなくてはなりません。それが縮小社会を乗り切る唯一の手段であり、タイニー・ハウスの真の狙いなのです。

建築家　黒崎 敏

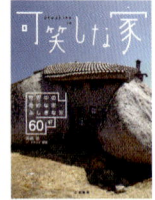

小《ちい》さな家《いえ》、可《か》愛《わい》い家《いえ》

著　者　　ミミ・ザイガー

訳　者　　黒崎 敏

編　集　　浜崎慶治

発行所　　株式会社 二見書房
東京都千代田区三崎町2 -18 -11
電話03(3515)2311　営業
　　03(3515)2313　編集
振替00170-4-2639

印刷／製本　　図書印刷株式会社

落丁・乱丁本はお取り替えいたします。定価は、カバーに表示してあります。

ISBN978-4-576-12073-7
http://www.futami.co.jp